ポイントがわかる！
国際ビジネス契約の基本・文例・交渉

弁護士
樋口 一磨 著

日本加除出版株式会社

は じ め に

　経済のグローバル化と情報技術（IT）の革新的な発展により，ヒト，モノ，カネ（と，従来はいわれてきましたが，最近ではビッグデータなど情報の価値が増しており，更にキャッシュレス決済や暗号資産の発達により伝統的な貨幣概念も変化しています）のボーダーレスな移動が加速しています。また，日本国は，他の先進国に先駆けて先例のない少子高齢化に直面しており，どのような移民政策を打ち出したとしても，国内経済の長期的な鈍化は避けられない状況です。そして，そのような傾向は，今後ますます強まり，継続していくと思われます。

　そのような中で，日本の企業が勝ち残り，成長していくには，国際的な視点が不可欠です。島国である日本の国民は，現在，平和で便利で豊かな暮らしを享受していることもあり，国内に安住しようとする傾向があるといえ，このマインドは経済活動にも影響を与えています。しかし，海外に目を向ければ，国内よりもはるかに大きな市場があり，地球規模では人口は増加しています。国境にとらわれずにビジネスができれば，チャンスは拡がっているはずです。

　日本を代表するような大企業は，既にグローバルに活動しています。しかし，中小企業はまだまだです。2017年度に公表された中小企業庁の調査によれば，日本の企業の実に約99.7%は中小企業であり，伝統的な技術力も背景に，日本の経済を根底で支えているのが中小企業であることは明らかです。そして，グローバリズムとIT化によって，流通やサプライチェーンにも大きな変化が生じており，中小企業も自ら海外に進出できる環境になっています。中小企業の積極的な海外展開が，日本経済を維持，発展させるためのカギであると考えています。

　もっとも，国境を一歩越えれば，日本とは大きく異なる文化，慣習，言語，そして法律に対応していかなければならず，日本の信頼関係をベースにした

はじめに

融和的な感覚のままで海外進出することは危険です。海外には大きなチャンスが拡がっている反面，進出にはコストがかかりますし，国内では生じないような様々なリスクが待ち受け，それが大きな損失として現実化することも珍しくありません。そのような損失は，大企業であれば吸収できますが，中小企業においては本丸の存続に致命傷を与えかねません。せっかく気概をもって海外進出したにもかかわらず，お金も技術も失うような結末は，絶対に避けたいところです。

そのようなリスクをヘッジするために最も重要なことのひとつは，国際的なビジネスの特徴とそれに伴う基本的なリスクを理解するとともに，身を守るための契約書を締結することです。契約書は，国内ビジネスにおいてももちろん重要なものですが，国内では，信頼関係があるから大丈夫，形式的にあればよい，などと軽視されがちです。しかし，日本の常識が通用しない外国企業との取引においては，取引先が当方と同じ認識であるという保証は何もありませんので，契約書の一言一句が極めて重要であり，全ての拠り所となります。

いわゆるインバウンドのビジネスにおいても，取引先は外国のマインドを持っていますので，同様のリスク感覚が必要です。

とはいえ，中小企業，また大企業でもこれまでドメスティックなビジネスをしてきた企業においては，英文契約への対応をはじめとした国際ビジネスのための人的リソースが限られているのが現状です。

昨今，人工知能（AI）の発達により，コンピューターによる翻訳の精度がかなり向上し，契約書を含め，実務でも活用できるレベルとなっています。また，人工知能が契約書をレビューしてくれるサービスも登場しています。もっとも，人工知能による翻訳は，例えば，外国語の契約書に何が書いてあるかを大まかに理解するような場面では非常に有益ですが，日本国内の契約書を人工知能で英訳し，それを正本として使う，といったことは危険です。翻訳の精度が100％ではないことはもちろん，国際的な契約では内容につい

はじめに

て国内とは異なる配慮が必要となるからです。また，人工知能は，あくまで過去のデータを元に機能しますので，これから新たに行うビジネスのリスクを全て分析して契約書に反映すること，更に人間を相手に交渉することはできません。

　このような中で，担当者（法務担当はもちろんですが，サインをする経営者自身や営業担当も）としては，まず，基本的な国際ビジネス契約のポイントを理解し，大局的な視点をもつことが大切といえます。本書は，中小企業を中心とした経営者，法務，総務，及び営業担当者で，これから海外展開や外資系企業との取引を予定しつつも，国際ビジネス法務についての知見が心許ない方々を主な対象として，そのポイントをわかりやすくお伝えすることを目的としています。条項例などはレファレンスとしてご利用いただきつつ，通読することで着目点や留意点を一通り把握していただけるよう心掛けています。

　まず，第1編において，国際ビジネス，海外展開の基本的な類型，特徴，リスクに触れた上で，国際ビジネス契約に特有の留意点について解説します。次に，第2編では，秘密保持契約，売買・継続的供給契約，販売店契約，代理店契約，生産委託契約という，実務において登場する頻度が高い契約類型の各条項につき，標準的な条項例から，それぞれの立場における留意点から条項例まで，要点を押さえつつ紹介します。いわゆる一般条項についてはまとめて説明しています。

　本書の条項例は，組み合わせることで各契約書のテンプレートとしても機能するように構成しています。他方，情報の網羅性よりもポイントのわかりやすさを重視しており，文例や表現はあえてシンプルなものを選択しています。実務では，同じタイトルの条項でも様々なバリエーションがあり，より詳細に定めるべき場合もありますし，時には異常に長いものにも遭遇します。もっとも，そのような場合でも基本となるポイントは共通といえますので，本書ではそれをお伝えできればと思います。

iii

はじめに

　なお，本書の条項例は，特定の準拠法を想定しているものではありません。通常，契約の内容と準拠法のルールが異なる場合でも，契約自由の原則により，それが合理的である限り契約における合意が優先しますが，準拠法によっては，一定の条項が現地の強行法規に抵触して無効となり，あるいは所定の内容を加えることが推奨されることなどがあります。そのような懸念がある場合や，重要な取引にかかわる場合は，準拠法となる法律に詳しい弁護士に相談してください。

　私は，ひとりの弁護士として，ご縁のあった方々の一助となり，その従業員とそのご家族の幸せ，そして社会の発展に，陰ながら貢献することが責務と考え，日々業務に精進しております。本書が，一社でも多くの企業の海外展開におけるトラブルの回避，そして成功に寄与し，そのステークホルダーの発展に少しでも役立つことができれば幸甚です。

　末筆になりましたが，日本加除出版株式会社の佐藤慎一郎様，朝比奈耕平様，岩尾奈津子様，ご縁をお繋ぎくださったレクシスネクシス・ジャパン株式会社の多田奈穂子様，助言をいただいたシカゴの増田・舟井法律事務所，いつも私を支えてくださるクライアントの皆様，事務所員，友人，そして家族に，心より御礼申し上げます。

　2019年9月

　　　　　　　　　　　　　　　　　　　　弁護士　樋口　一磨

目　次

第 1 編

国際ビジネス契約　総論

第1　国際ビジネスの類型 ———————————— *3*

1　基本3類型 ···································· *3*

2　貿易型 ·· *5*

  (1)　代金回収リスク ······························ *5*

  (2)　運送リスク ································· *6*

  (3)　商品についての責任 ························ *7*

  (4)　ウィーン売買条約 ·························· *7*

3　間接進出型 ·································· *9*

  (1)　類型〜貿易型の発展〜 ······················ *9*

  (2)　外国パートナーに付与する権利の明確化 ········ *11*

  (3)　外国パートナーの実効的な管理 ·············· *12*

  (4)　知的財産の保護と管理 ······················ *13*

  (5)　関係終了時の問題 ·························· *14*

4　直接進出型 ·································· *15*

  (1)　類　型 ··································· *16*

  (2)　現地法の規制 ······························ *16*

  (3)　合弁契約（株主間契約） ···················· *17*

    ア　現地の会社関係法の確認 ················ *18*

    イ　定款などと併せた検討 ·················· *19*

v

目 次

　　　ウ　経営権の確保 ……………………………………………………… 19

　　　エ　前提とする関連取引の明示 …………………………………… 20

　　　オ　ファイナンスに関する責任分担 …………………………… 20

　　　カ　株式の譲渡制限とエグジット ……………………………… 21

　　　　㋐　先買権 ……………………………………………………………… 21

　　　　㋑　売主追加請求権，共同売渡請求権 ……………………… 22

　　　　㋒　プットオプション，コールオプション ……………… 22

　　　キ　デッドロック ………………………………………………………… 23

　　　ク　パートナーのデューデリジェンス ……………………… 24

　　　ケ　「名義貸し」のリスク …………………………………………… 24

　　　コ　自社と合弁会社との間の契約 ……………………………… 25

　　⑷　労務管理 ……………………………………………………………………… 25

　　⑸　撤退時の諸問題 ………………………………………………………… 26

　5　インバウンド ……………………………………………………………… 27

第2 国際ビジネス契約の特徴と留意点 ── 29

　1　国際ビジネスの特徴 ………………………………………………… 29

　　⑴　制度的・法的な側面 ………………………………………………… 29

　　⑵　政治的な側面 …………………………………………………………… 32

　　⑶　文化的な側面 …………………………………………………………… 32

　　⑷　地理的な側面 …………………………………………………………… 33

　2　契約書の重要性 ………………………………………………………… 34

　3　言　語 …………………………………………………………………………… 35

　4　英米法と大陸法 ………………………………………………………… 36

　5　どの法律に従うか ……………………………………………………… 38

　　⑴　準拠法・国際私法とは …………………………………………… 38

　　⑵　法の適用に関する通則法 ………………………………………… 39

　　　ア　最密接関連地法 …………………………………………………… 39

vi

目　次

イ　不法行為 ·· *40*

(3) 準拠法の選択と交渉のポイント ··················· *41*

(4) 留意点 ··· *42*

6　インコタームズ ··· *42*

(1) 概　要 ··· *43*

(2) 何が定まるか ·· *44*

(3) 法的位置付け ·· *44*

7　信用状（L/C）決済 ·· *46*

(1) 概　要 ··· *46*

(2) 決済の流れ ·· *47*

8　紛争をどのように解決するか ································· *49*

(1) 国際的な紛争解決の特徴 ····································· *49*

(2) 司法裁判所の訴訟 ··· *50*

ア　国際裁判管轄 ··· *50*

イ　執行力 ··· *51*

ウ　国際司法共助 ··· *52*

(3) 仲　裁 ··· *52*

第3　国際ビジネス契約の体裁 ——— *57*

1　英文契約書の構成 ··· *57*

2　付随的な合意書 ·· *61*

(1) LOI，MOU ··· *61*

(2) 変更合意書 ·· *62*

3　受発注書と裏面約款 ··· *64*

4　英文契約に特有の表現・便利な表現 ······················ *64*

(1) 助動詞（shall, mayなど） ····································· *65*

(2) 権利・義務・責任を表す（entitle, require, oblige, responsible,

vii

目　次

　　　liableなど) ………………………………………………………………… 66

　⑶　権利・義務の範囲を表す（best effortなど) ……………………… 67

　⑷　請求・要求を表す（claim, demand, request) ………………… 68

　⑸　請求などに合理性を求める（reasonable) ……………………… 68

　⑹　裁量を表す（discretion) ……………………………………………… 69

　⑺　前提，条件を表す（in accordance with, subject toなど) ……… 69

　⑻　逆接を表す（provided, notwithstandingなど) ………………… 70

　⑼　対価関係を表す（in consideration of) ………………………… 71

　⑽　「みなし」を表す（deemなど) ……………………………………… 71

　⑾　違反を表す（breach, violateなど) ………………………………… 71

　⑿　重大性を表す（materialなど) ……………………………………… 72

　⒀　故意・過失を表す（negligence, willful misconductなど) …………… 73

　⒁　補償責任を表す（indemnifyなど) ………………………………… 73

　⒂　費用負担を表す（cost, expense) ………………………………… 74

　⒃　法的拘束力を表す（binding, enforceableなど) ………………… 74

　⒄　終了，取消し，無効を表す（terminate, expire, cancel, voidなど) ……… 74

　⒅　例示を表す（including but not limited toなど) ………………… 75

　⒆　here-とthere-＋前置詞 …………………………………………… 76

　⒇　ラテン語由来の表現 ………………………………………………… 77

第 **2** 編

契約類型別　各論

第**1** 秘密保持契約 ——————————— 81

1　概　要 …………………………………………………………………… 81

2　条項例 …………………………………………………………………… 82

viii

(1)	目　的	82
(2)	秘密情報の定義	84
(3)	秘密保持義務	87
(4)	用途の制限	89
(5)	知的財産	90
(6)	義務の不存在	91
(7)	契約期間	92
(8)	契約終了後の措置	93
(9)	違反の効果	94

第2 売買契約・供給契約 —— 97

1 概　要 97

2 条項例 98

(1)	目　的	98
(2)	注文と承諾のプロセス	99
(3)	フォーキャスト	102
(4)	引渡し	104
(5)	貿易条件	106
(6)	検　査	107
(7)	不合格品	109
(8)	所有権と危険負担	110
(9)	価　格	112
(10)	支払条件	115
(11)	通　貨	118
(12)	保　証	120
(13)	知的財産	124
(14)	製造物責任	129

目　次

第3　販売店契約 ——————————————————— 133

1　販売店と代理店の違い ………………………………… 133

2　販売店契約の概要 ……………………………………… 135

3　条項例 …………………………………………………… 136

　(1)　販売権の付与（販売店としての指名）……………… 136

　　　ア　独占権の有無と範囲 …………………………… 137

　　　イ　テリトリー ……………………………………… 140

　　　ウ　二次販売店の可否 ……………………………… 142

　　　エ　サプライヤーによる販売の可否 ……………… 144

　(2)　最低購入数量 …………………………………………… 146

　(3)　インセンティブ目標 ………………………………… 151

　(4)　在　庫 ………………………………………………… 153

　(5)　販売促進 ……………………………………………… 157

　(6)　競合品 ………………………………………………… 158

　(7)　再販売価格 …………………………………………… 160

　(8)　知的財産 ……………………………………………… 161

　(9)　報　告 ………………………………………………… 164

　(10)　監　査 ………………………………………………… 165

　(11)　法令順守 ……………………………………………… 167

　(12)　契約終了時の措置 …………………………………… 169

　(13)　契約終了時の補償 …………………………………… 170

第4　代理店契約 ——————————————————— 173

1　代理店契約の概要 ……………………………………… 173

2　条項例 …………………………………………………… 174

　(1)　代理店としての指名 ………………………………… 174

x

目　次

　(2)　最低販売数量 ··· *175*

　(3)　インセンティブ目標 ······································· *179*

　(4)　個別契約の成立 ··· *180*

　(5)　コミッション ··· *183*

　(6)　価格と支払 ··· *186*

　(7)　代理店の責務 ··· *190*

第5　生産委託契約 ———————————————— *193*

1　概　要 ··· *193*

2　条項例 ··· *194*

　(1)　目　的（生産の委託）····································· *195*

　(2)　仕様と工程 ··· *195*

　(3)　独占権 ··· *197*

　(4)　再委託 ··· *199*

　(5)　支給品，貸与品 ··· *200*

　(6)　知的財産 ··· *202*

　(7)　競合品 ··· *205*

　(8)　個別契約 ··· *207*

　(9)　引渡し，貿易条件，検査，不合格品，所有権及び危険負担 ··· *208*

　(10)　支払，通貨 ··· *209*

　(11)　品質保証 ··· *209*

　(12)　品質管理 ··· *211*

第6　一般条項 ———————————————————— *213*

1　概　要 ··· *213*

2　権利関係やリスク管理において特に重要なもの ··············· *215*

xi

目　次

(1)　不可抗力 ……………………………………………………… *215*

(2)　譲渡禁止 ……………………………………………………… *217*

(3)　相殺禁止 ……………………………………………………… *218*

(4)　補　償 ………………………………………………………… *219*

(5)　責任限定 ……………………………………………………… *222*

(6)　契約期間と中途解約 ………………………………………… *225*

(7)　解　除 ………………………………………………………… *228*

(8)　期限の利益 …………………………………………………… *230*

(9)　言　語 ………………………………………………………… *231*

(10)　準拠法 ………………………………………………………… *233*

(11)　紛争解決・裁判管轄・仲裁 ………………………………… *234*

　　(ア)　執行可能性 ……………………………………………… *235*

　　(イ)　相手方所在地の司法機関の信頼性 …………………… *236*

　　(ウ)　紛争化の可能性，及び訴える可能性と訴えられる可能性 …… *237*

　　(エ)　仲裁の特徴 ……………………………………………… *239*

3　確認的又は便宜上の性質が強いもの ……………………………… *247*

(1)　当事者の関係 ………………………………………………… *247*

(2)　法令順守 ……………………………………………………… *248*

(3)　反社会的勢力の排除 ………………………………………… *249*

(4)　通　知 ………………………………………………………… *250*

(5)　分　離 ………………………………………………………… *252*

(6)　権利放棄 ……………………………………………………… *253*

(7)　完全合意 ……………………………………………………… *254*

(8)　変　更 ………………………………………………………… *256*

(9)　見出し ………………………………………………………… *257*

(10)　存続条項 ……………………………………………………… *257*

著者紹介 ……………………………………………………………… *259*

第1編

国際ビジネス契約　総論

第1　国際ビジネスの類型

第2　国際ビジネス契約の特徴と留意点

第3　国際ビジネス契約の体裁

国際ビジネスの類型

① 基本3類型

Point

貿易型，間接進出型，直接進出型のいずれであるかを整理し，締結すべき契約の種類とリスクの全体像を把握する。

国際ビジネスは，大きく3つの類型，すなわち貿易型，間接進出型，直接進出型に分けて整理することができます。まず，想定しているビジネスが，どの類型であるかを明確にすることが出発点です。それにより，実務的に行うべきことはもちろん，締結すべき契約の種類，内容，そしてリスクの大枠が見えてきます。

貿易型とは，外国には拠点を作らず，日本を拠点としたまま貿易取引を行う形です。自社商品を外国の顧客に直接輸出して販売したり，外国の商品を直接輸入して仕入れる取引が典型です。契約としては，スポットの輸出や輸入であれば売買契約を締結し，継続的な取引であれば売買基本契約や供給契約を締結することになります。技術やブランドなど知的財産権のライセンスのみを行う場合もこの類型となります。比較的シンプルな取引形態であり，商品などの品質，納期，支払といった基本的な点がポイントとなります。

間接進出型とは，外国の企業との契約に基づいて外国に拠点を設ける形です。販路を開拓する場面では，外国のパートナー企業と販売店契約，代理店契約，フランチャイズ契約などを締結し，生産拠点を設ける場面では，外国のメーカーと生産委託契約を締結します。なお，業務提携という場合は，実質はこの間接進出型のいずれかであることが多いですが，資本提携を含む場合は直接進出型として整理するべきです。この類型では，貿易型の要素に加

第1編　国際ビジネス契約　総論

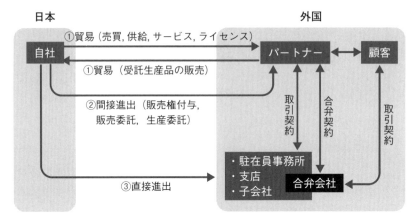

国際ビジネスの３類型（アウトバウンド）

え，外国パートナーの管理や外国パートナーとの中長期的な関係を前提とした条件設定が重要となり，取り決めるべきことが増えます。

　直接進出型とは，外国に資本などを投下し，自ら現地に拠点を設ける形です。販路拡大，生産拠点，いずれのパターンもあります。ホールディングカンパニーを外国に設立し，関連会社の管理を行うケースもあります。形式としては，一般に，駐在員事務所，支店，又は子会社を設立する選択肢があり，その方式や要件は現地の法規制によって異なります。契約は，子会社を設立する場合は，子会社が主体となり，日本の親会社は契約上の責任を負いませんが，駐在員事務所と支店の場合は，日本の親会社が引き続き契約上の責任を負います。外国のパートナーと資本を出し合って会社を設立する場合は，設立の前提として各パートナーと締結する合弁契約（株主間契約）が重要となります。

　なお，ここでの分類は，主に自社が外国に進出するアウトバウンドを念頭に置いた表現をしており，実際も日本企業が直面するのはそのケースが多いと思われます。他方，外国企業が日本に進出するインバウンドにおいて，自社が日本側のパートナーとなるケースもあります。その場合も，考慮すべきポイントは同様ですので，立場を入れ替えて，取引先が何を望むか，それに

対して自社の利益をどう守るか，という大局的な整理に役立てていただければ幸いです。

② 貿易型

Point

　ビジネスの基本形であり，代金回収と運送のリスク，商品についての責任が特に重要。物品売買ではウィーン売買条約も意識。

　物品やサービスの売買を基本とする貿易型の取引は，内容は比較的シンプルですが，国際ビジネスにおける根本を成すものです。すなわち，他の類型は，貿易型の取引の発展形といえますので，貿易型取引は全ての取引の基本となり，そこでの留意点は他の取引にも共通して妥当することになります。

(1) 代金回収リスク

　最も重要といえるのは，外国の取引先との間では代金回収のリスクとコストが極めて高い点です。取引先が代金を支払わない場合，それを回収するコストは，国内に比して格段に高くなります（第1編第2・8参照）。国内であっても，そのような場合は，取引先の資産を調査し，訴訟から強制執行まで法的手段を講じていくプロセスは時間とコストを要します。それが外国となると，日本の弁護士に加え，現地の弁護士を雇って，複数の選択肢の中から適切な法的手段を選択し，遂行していくことが求められます。外国の法的手続は日本よりもはるかに時間がかかり，また不公平である場合もあります。しかも，最終的に差押えなどの引当てとなる財産を見つけることはより困難ですし，上手く勝訴しても，現地の法制度においてその判決などがきちんと承認され，執行されるかどうかも定かではありません。そして，アジア諸国を筆頭に，取引先は順法精神が希薄である場合も多いことに加え，そのような代金回収のハードルの高さを知った上で，確信犯的に代金を支払わないことも珍しくありません。

5

第1編　国際ビジネス契約　総論

　したがって，自社が商品やサービスの販売側である場合は，取引先の与信を慎重に判断するとともに，代金回収リスクをできるだけ低減することを意識して契約書を検討することとなります。支払条件はできるだけ前払とするか，それが叶わない場合は信用状（L/C。第1編第2・7）の活用を検討します。

　逆に，自社が対価を支払う側であれば，何らかの理由で対価を支払わない場合でも，売主側にはその回収において上記のようなハードルがあるということを頭に入れておくことは，種々の条件を定めていく上で有用といえます。

　なお，支払の回収に伴う上記のハードルは，代金の支払だけでなく，商品の欠陥に基づく損害賠償を求める場面など，金銭的な請求をする全ての場面に共通します。

(2)　運送リスク

　次に，物品の貿易取引である場合は，運送に伴うリスクが高いことを強く意識します。日本は島国ですので，外国（これを必然的に「海外」ということ自体が，日本の地理的な特徴を示しています）との間で物品を輸送するには，必ず海を渡らなければなりません。また，日本の郵便事情と運送業者は世界的に極めて信頼性が高いですが，外国のそれらは遅配や紛失があっても不思議ではないかもしれません。発展途上国はもちろんですが，先進国といえども，日本国内のハイレベルな感覚を前提としてはいけません。さらに，運送業者に過失がなくても，運送距離が長いため，物品が毀損するリスクは高くなります。

　そこで，各当事者は，遅配，紛失，毀損も十分に想定した契約条件を検討する必要があります。物品の買主である場合は，できるだけ代金を後払にするなどが考えられます。また，これらのリスクは，貨物保険などによって一定程度カバーされるよう付保します。

　このような観点から，国際貿易では，危険の移転時期，保険の付保と費用負担について取り決めることが重要となります。実務では，国際商業会議所（International Chamber of Commerce=ICC）が策定するインコタームズ

6

（INCOTERMS。第1編第2・6参照）を用いた貿易条件が用いられることが慣例化しています。

(3) 商品についての責任

提供する物品やサービスについての品質保証やアフターサービスの条件を取り決めるべきことは国内取引でも同様ですが，国際取引では，これらを契約書で明確に定めるべき要請が強まります。物品やサービスが第三者の知的財産権を侵害していないことについての保証も同様です。

国内取引であれば，仮に契約書においてこれらの条件が曖昧であっても，日本の民法と商法を参照することで方向性は比較的明確になります。しかし，国際取引においては，外国の法律や，次に述べるウィーン売買条約が適用される結果，想定しない責任を課されたり，逆に想定していた責任を追及できないことが生じえます（第1編第2・5参照）。

したがって，品質や知的財産権などの保証については，売主の立場からは，何を保証するかを明示した上で，それ以外は保証しない旨を明確に定めることが重要です。逆に，買主の立場からは，保証してもらう対象は明示した上で，それ以外についての免責はできるだけ限定することが望ましいです。

(4) ウィーン売買条約

貿易型の典型である物品の国際的な売買契約においては，「国際物品売買契約に関する国連条約（United Nations Convention on Contracts for the International Sale of Goods ＝ CISG ＝ ウィーン売買条約）」の適用を常に検討する必要があります。ウィーン売買条約は，国境を越えて行われる物品の売買に関する統一的なルールの策定を目指した国際条約で，国際連合国際商取引法委員会（United Nations Commission on International Trade Law ＝ UNCITRAL）が起草し，国連において1980年に採択され，1988年に発効しました。

2019年6月現在，締約国は89か国となっており，米国，カナダ，ブラジル，ドイツ，フランス，ロシア，中国，韓国，シンガポール，オーストラリアと

第1編　国際ビジネス契約　総論

いった，主要といえる多くの国が加入しています。日本は2008年に加入し，2009年8月から発効しています。もっとも，執筆の時点で，先進国では英国が，また日本企業との取引が多いアジアのタイ，マレーシア，インドネシア，フィリピン，インド，ミャンマー，バングラデシュ，台湾は加入していません。さらに，締約国でも，条約の適用範囲について留保をしている国もあります。最新の情報は，UNCITRALのウェブサイト（www.uncitral.un.org）にて確認することができます。

　ウィーン売買条約は，国際的な物品の売買において（物品の売買ではない，例えばサービスの提供や技術のライセンスは対象となりません），売主と買主の営業所がいずれも締約国にある場合（1条1項(a)），又は国際私法の準則によれば締約国の法が適用されることになる場合（同項(b)）に，当事者が合意をもってこれを排除しない限り，自動的に適用されます。ただし，米国，中国，シンガポールなどは，後者の1条1項(b)には拘束されないとの留保をしています。例えば，日本企業がドイツの企業と物品の売買をする場合，準拠法を日本法かドイツ法のどちらかに合意するか，あるいは準拠法について何も取決めをしない（その場合は，国際私法により日本法かドイツ法のいずれかに定まります）か，いずれであっても，合意をもって排除しない限り，ウィーン売買条約が適用されます。

　ウィーン売買条約は，101の条文から成り，契約の方式や成立，売主と買主の権利義務，義務違反の場合の救済措置を中心に定めています。売買に関する全ての要素を含んでいるものではなく，例えば，契約の取消しや無効といった有効性や，所有権の移転時期といった問題は，準拠法に委ねています。

　ウィーン売買条約は，当事者の合意をもって適用を排除（オプトアウト）することができ，その場合はその旨を契約書に明記します。その内容は，日本法と比較した場合，状況により有利にも不利にも作用しうるもので，オプトアウトするべきか否かは一概に決められません。もっとも，実務上は，国際的に見ても，準拠法を特定した上で，ウィーン売買条約の適用を排除するケースが多いといえます。それは，国内法に比べてウィーン売買条約に関す

8

第1　国際ビジネスの類型

る裁判例などの蓄積が浅いこと，また弁護士を含めた当事者が，ウィーン売買条約の内容への馴染みが浅いことから，予測可能性を高める観点で，精通した自国法を常に適用させることを望むためであるといえます。特に，日本人にとっては，ウィーン売買条約は英米法の思想がベースになっているといえるため，日本法との相違点は少なくありません（なお，2020年4月1日より施行される改正民法は，ウィーン売買条約との親和性が高まったと考えます）。

　したがって，日本法を準拠法とできる場合は，ウィーン売買条約の適用を排除することが無難といえるケースが多いです。他方，他国の法律が準拠法となる場合は，標準化がなされているという安心感と，情報へアクセスしやすいという点で，ウィーン売買条約は利点がありますので，取引先がオプトアウトを希望しない限り，内容が不明な他国の法律のみが適用されるよりも，ウィーン売買条約を併せて適用した方がよいと考えることもできます。

　いずれにせよ，貿易型の取引では常に，ウィーン売買条約の適用の有無と排除の要否について意識をしておくことが必要です。

③　間接進出型

Point

　間接進出型では，貿易型の要素に加え，外国パートナーとの関係（付与する権利の内容の明確化，パートナーに対する管理体制，知的財産の保護，及び関係終了時の諸問題）に関する条件設定が重要となる。

(1)　類型〜貿易型の発展〜

　外国のパートナーとの契約関係に基づいて展開する間接進出型の典型は，販売拠点とする場合は販売店契約（Distributorship / Distribution Agreement），代理店契約（Agency / Representative Agreement），フランチャイズ契約（Franchise Agreement），生産拠点とする場合は生産委託契約（Manufacturing Agreement）です。

9

第1編　国際ビジネス契約　総論

　販売店契約は，サプライヤー（Supplier）の商品を販売店（Distributor）に販売し，在庫として抱えてもらった上で，サプライヤーの商標やブランドの下で，販売店が売主となって顧客に再販売してもらうものです。商品についての売買契約は，サプライヤーと販売店の間，及び販売店と顧客の間の２つが成立します。サプライヤーは，販売店に商品を販売した時点で売上げを確定できますが，独占禁止法の観点から再販売価格は原則として拘束できません。販売店は，在庫リスクと顧客に対する売主の責任を負いますが，再販売価格は原則として自由に決められ，その差額を利益とします。

　代理店契約は，サプライヤーの商品を顧客に販売するにあたり，代理店（Agent / Representative）が仲介し，代理店は，サプライヤーとの間で合意されたコミッションを受領するものです。商品についての売買契約は，サプライヤーと顧客の間のひとつのみ成立し，代理店は在庫を抱えません。代理店がサプライヤーの商標やブランドを用いて販売促進を行い，場合によって集金代行を行いますが，それらはサプライヤーからの業務委託に基づいて行うものと整理できます。サプライヤーは，顧客への販売価格を自ら決めることができますが，在庫や代金回収のリスクを代理店に負わせることはできません。代理店にとって，在庫や売主責任の負担はなくなりますが，営業努力の対価が低廉となることもあります（販売店契約と代理店契約の違いの詳細については，第2編第3の1をご参照ください）。

　フランチャイズ契約では，フランチャイザー（Franchisor）がフランチャイジー（Franchisee）に対し，フランチャイザーの商標やブランドに加え，運営ノウハウを提供し，それらの使用を許諾するにとどまらず，フランチャイザーの指導に従って店舗などの運営をすることを義務付け，フランチャイジーは自らの負担と計算にて店舗などを運営します。フランチャイジーからフランチャイザーに対しては，商標，ブランド，ノウハウなどの使用の対価として，合意に基づくロイヤリティを支払うことが基本的な要素であり，本質はライセンス契約であるといえます。それに加え，フランチャイザーが材料をフランチャイジーに供給して飲食店のメニュー商品を製造させる，フラ

10

第1　国際ビジネスの類型

ンチャイザーの商品をフランチャイジーに販売した上で再販売させるなど，供給契約や販売店契約の要素が付加されます。フランチャイザーは，フランチャイジーの責任と負担において自らのブランドでの店舗などを迅速に展開することができ，フランチャイジーは，確立したブランドやノウハウを使用できるとともに，営業努力がそのまま利益に反映されます。なお，店舗間における画一的な処理が重要な要素となるフランチャイズ契約においては，独占禁止法の適用が緩和されることがあります。他方，投資をするフランチャイジーを保護するための登録制度や情報開示の義務が各国により定められていることがあります。

生産委託契約は，委託者が受託者に対し，委託者が指示する仕様やプロセスに従って商品を生産させた上で，これを買い受けるものです。一般に，委託者のブランドで商品を生産させる場合をOEM（Original Equipment Manufacturing）契約，生産だけでなく設計も委託する場合をODM（Original Design Manufacturing）契約と呼ぶこともあります。

これらの類型は，いずれも貿易型取引の発展形であることがわかります。すなわち，販売店契約ではサプライヤーと販売店との間の継続的な売買契約，代理店契約ではサプライヤーと顧客との間の売買契約，フランチャイズ契約ではフランチャイザーとフランチャイジーとの間のライセンス契約（及び場合により供給契約など），生産委託契約では受託者と委託者との間の売買契約がベースとなり，そこに各契約の特徴となる要素が組み合わさっています。つまり，貿易型取引における留意点は，ほとんど全ての取引に妥当することとなります。そのように整理すると，羅列された条項の位置付けや過不足を理解する手助けとなります。

(2)　外国パートナーに付与する権利の明確化

貿易型の契約では，単発の取引関係がベースとなり，継続的な取引を想定した基本取引契約などにおいても，個別契約に共通して適用される条件を定めることが主眼となります。他方，間接進出型の契約においては，それらに

11

第1編　国際ビジネス契約　総論

加え，外国パートナーとの中長期的な関係を規律する取決めも中核となります。

　その中でも特に重要となるのは，外国パートナーに付与する権利の内容や範囲です。

　販売拠点であれば，まず，在庫負担の有無，代金回収リスクの負担，ライセンス的要素の有無などから，外国パートナーの法的性質，すなわち，販売店，代理店，フランチャイジーのいずれであるのかを明確にします。次に，販売・営業権の内容を具体化します。すなわち，対象商品の範囲，販売・営業可能なテリトリー，そして独占権の有無と条件を定めます。独占権は，いずれの当事者にとってもビジネスの成否にも直結しうる関心事であり，実務上も紛糾することが多いですが，ここを曖昧にしたまま進めるべきではありません。折り合いがつかなければ，最低購入・販売数，インセンティブ目標，契約期間などの条件を組み合わせて検討し，妥協点を見つけます。サプライヤー自身による販売の可否や，場合によってはインターネットを利用した販売についてのルールも明らかにします。

　独占契約という発想は，継続的な供給契約や生産委託契約においても，競業品の取扱い禁止という形で持ち込まれます。すなわち，主に知的財産の流出を防ぐ目的から，サプライヤーや受託者に対し，競業他社への同種商品の販売や，競業他社からの生産受託を禁止することもあります。

(3)　外国パートナーの実効的な管理

　外国パートナーとの関係については，付与する権利を明確化することに加え，外国パートナーの活動を実効的に管理する体制を整える（少なくとも契約上，管理できる権利を定めておく）ことが重要です。

　例えば，外国パートナーにおける販売促進に際し，自社のブランドなどの使用を許諾する場合は，販売促進物に対するコントロールが及ぶよう，事前のサンプル提供と承諾のプロセスを定めることをお勧めします。また，外国パートナーからなされる報告の真偽を確認する，競業品の取扱い禁止や再委

託の禁止に違反していないかをチェックする，また与信管理のため外国パートナーの財務状況の把握をするといった目的で，関連書類の提出や施設への立入りによる監査権を設けることが望ましいです。

他方，自社がパートナーの位置付けとなるインバウンド事案では，こうした管理体制が過度の制約とならないよう留意することになります。

(4) 知的財産の保護と管理

間接進出型では，公になっている商品やサービスの往来にとどまらず，外国パートナーによる販売促進や生産に伴い，自社のブランドなどの使用許諾や生産ノウハウの開示といった知的財産のやりとりがなされます。こうした知的財産の保護や管理を怠ると，当該事業にとどまらず，企業にとって大打撃となるおそれがあります。

前提として，知的財産は，国ごとに，当該国の法律に従って保護されるものです。特許については特許協力条約（Patent Cooperation Treaty = PCT）に基づく国際出願，商標についてはマドリッドプロトコル（マドリッド協定議定書）に基づく国際登録出願など，国際的な制度もありますが，いずれも出願手続の一部を共通化しているにとどまり，最終的な登録は原則として国ごとになされます。この点，欧州では，欧州連合商標制度（European Union Trademark）により，欧州連合知的財産庁に商標の出願・登録を行うことで欧州連合加盟国全部をカバーする商標権を得ることができ，また欧州特許条約（European Patent Convention）により，欧州特許庁における一括手続にて同条約加盟国における特許が取得できます。もっとも，その有効性などについて各国で争われることがあります。

ブランドは，主に商標や意匠を登録することによって保護されますが，ほとんどの国においていわゆる先願主義が採用されており，先に使用した者よりも先に登録した者が優先する（更に先使用権の保護は限られている）ため，知らないうちに第三者に商標などを登録されてしまうと，当該商標などについて，当該第三者から買い取るか許諾を受ける，あるいは争って無効としない

第1編　国際ビジネス契約　総論

限り，その国ではそれらを使用しての活動ができなくなります。

　事業としての見通しも定かでないうちのコスト負担は重荷ですが，第三者に先を越された場合のリスクを考えると，進出を予定する国においてはできるだけ先行して商標などを登録しておくべきです。なお，コスト削減のために外国パートナーに登録させるという発想も生じがちですが，危険です。関係解消時には取り戻さなければならないので，必ず自社管理すべきです。また，外国パートナーが悪気なく勝手に商標などを登録してしまうこともありますので，契約書にはそれを禁止する旨を記載します。

　技術の保護については，特許や実用新案を取得するか，あるいは企業秘密として保持するか，戦略は状況により様々です。もっとも，いずれにせよ，開示に先立って秘密保持契約を締結すること，そして本契約において秘密保持条項を設けることは必須です。そして，特許などを取得する場合は，上記と同様に必ず自社で管理するようにします。

　また，事業に伴って発生する新たな知的財産について，契約書上，帰属を明確にすることも肝要です。例えば，開発を含む生産委託において新たに生じた技術やノウハウ，外国向けに制作した販売促進物の著作権などです。委託者やサプライヤーとしては，それらは当然自らに帰属すると考えていたとしても，外国パートナーが自らの貢献を主張しないとは限りません。

　さらに，対象となる商品などが第三者の知的財産を侵害していない旨を保証するか否かもポイントとなります。上記のように，第三者による登録が原因で想定している事業自体が足止めされることもありえますので，サプライヤー側としては，そのような保証は明確に免責としたいところです。

(5)　関係終了時の問題

　間接進出型では，外国パートナーと中長期的な関係が構築されますが，その間，外国パートナーも投資を行い，当該関係を前提とした商圏などを獲得します。しかし，ビジネスは，早期に頓挫するかもしれませんし，成功しても永久に続くことはありません。そして，関係の解消時には必ず何らかの問

題が生じます。

　例えば，生産委託契約であれば，外国パートナーは，継続的な受託を期待して設備や人員を増強するかもしれません。にもかかわらず，委託者が早期に撤退を決めれば，投資分の補償を求めてくることが考えられます。そして，委託者がそれを断れば，知的財産を流用した商品を生産し，日本に輸出するかもしれません。また，販売店や代理店契約においてトラブルになりやすいのは，外国パートナーが市場を開拓したところで，サプライヤーが現地に子会社を設立したり，別の販売店・代理店を指名して新たな販売拠点とし，従前の外国パートナーとの契約を解消するパターンです。この場合，外国パートナーが，営業権を奪われたなどと主張して補償を求めてきても不思議ではありません。

　契約書においては，このような関係終了時の事態も想定して，可能な限りのリスクヘッジを組み込んでおきます。取引先に契約違反などがあった場合にきちんと解除できるようにしておくことはもちろんですが，中途解約の可否，契約更新の条件などを丁寧に調整し，契約終了時の補償義務がない旨の記載などを検討します。

 直接進出型

Point
> 進出形態により契約の主体が変わる。いずれの場合も現地法規制の直接適用を受ける。他人の資本を受け入れる場合は必ず合弁契約を。

　直接進出の形態は，本書の主題である契約の内容に直接かかわるものではありませんので，留意点の簡潔な紹介にとどめ，合弁契約（株主間契約）のみ要点を概説します。もっとも，進出形態によって契約の当事者となるべき主体が変わります。また，外国拠点を通じて取引先と交わす契約については本書全般の内容が妥当しますし，本国企業と子会社又は関連会社との間でも対等な取引を想定した契約書を締結することが望まれます。

第1編　国際ビジネス契約　総論

(1)　類　型

　直接進出の類型を大別すると，一般に，駐在員事務所の設置，支店の登録，及び子会社の設立があります。合弁会社は，保有する資本の割合により，子会社，関連会社，又は資本提携先という位置付けとなります。いずれについても，現地の会社法などの規制に従うこととなります。

　駐在員事務所は，本国企業の出先機関にすぎず，法的には本国企業と一体とみなされ，駐在員事務所の行為については本国企業が無限責任を負うこととなります。設置と清算は容易ですが，通常，活動は準備行為などに制限され，営業行為は禁止されます。契約を締結する場合は，あくまで本国企業が主体となります。

　支店は，活動内容が基本的に制限されない点で駐在員事務所と異なりますが，支店の行為は本国企業の行為とみなされ，本国企業が支店の行為について無限責任を負う点は駐在員事務所と同様です。登録と清算は，子会社に比べると容易といえます。契約を締結する場合の法的主体は，やはり本国企業となります。

　子会社は，本国企業から独立した法人となり，自らの行為については自らが一次的に責任を負います。契約を締結する場合の主体も子会社自身となります。本国企業は，子会社を有限責任法人とすることで，子会社の活動に関する責任をそこで遮断することができます（ただし，子会社が形骸化し，その法人格が濫用されているとみなされる場合，本国企業が責任を問われる可能性もあります。英米法のDoctrine of Piercing the Corporate Veilという理論に由来し，日本では法人格否認の法理と呼ばれています）。これは，特に米国のような訴訟社会においては大きなリスクヘッジとなります。もっとも，子会社の設立と清算には手間がかかります。

(2)　現地法の規制

　直接進出型においては，外国の現地法令の規制を直接受けますので，自社の責任においてそれらを順守する必要があります。

16

第1　国際ビジネスの類型

　まず，外国の現地において計画しているビジネスを行うための登録や許認可の取得は，貿易型又は間接進出型であれば外国パートナーに委ねられる場合が多いです（契約においても，それらを外国パートナーの責任として明記することがあります。ただし，フランチャイズ規制における登録や情報開示など，自身で順守すべきものもあります）。他方，直接進出では，自らの責任でそれらの要否や条件を調査し，全うしなければなりません。

　また，子会社を設立する場合は，現地の外国資本に関する規制をクリアすることが出発点となります。米国，欧州各国（国ごとに異なります），シンガポール，香港などの先進国では，外国資本の流入に寛容であり，通信，メディア，軍事といった公益性の高い産業を除き，外国資本が100％子会社を設立することに対する規制はほとんどありません。他方，東南アジアを含む発展途上国や新興国では，国内産業の保護などの観点で，外国資本の投資が広く制限されています。例えば，タイでは，小売・卸売業などを含めたほとんどの業種について，外国資本が50％以上の株式を保有することが禁止されています。中国は，経済的には先進であるものの，外商投資プロジェクトは，禁止，制限，許可，奨励の4種類に分類されており，厳しく管理されています。

(3)　合弁契約（株主間契約）

Point

　　出資の割合と目的を前提とした綿密な合弁契約を。現地の会社関係法と定款も確認し，経営権の確保，役割分担の明確化，エグジットの道筋を。

　設立する現地法人に第三者の資本を受け入れることがあります。その経緯は，現地，他国又は日本のビジネスパートナーとの協同関係を構築する場合はもちろん，上記のような外資規制をクリアするため，現地の出資者に資本提供してもらう場合もあります。そのようなケースでは，原則として丁寧な合弁契約書（Joint Venture Agreement）または株主間契約書（Shareholders

17

第1編　国際ビジネス契約　総論

Agreement）の締結が必須となります。これは，複数の出資者（株主）の間で，会社に関する機関設計，運営，役割分担，エグジット（関係解消）の条件などを合意するものです。合弁契約がなければ，それらの事項は全て現地の会社関係法のみに従って決まることになります。

　検討すべき事項は多岐にわたりますが，何をどこまで取り決めるべきかについては，自社の持株比率と出資の目的により異なります。自社が過半数（50％超）の株式を保有していれば，多くの事項は過半数の決議により決定することができますので，特別多数決が必要となるような重大事項を中心に検討することになります。なお，50％と50.1％は決定的な違いであり，後者は過半数ですが，前者は50対50のデッドロックを起こす可能性を常に秘めますので，念入りなドラフトが求められます。他方，自社がマイノリティである場合は，常に多数決で押し切られることを想定し，自社が求める権利を確実に確保できるよう明記する必要があります。自社の出資割合が小さく，会社経営への関与を期待しない資本提携などを目的としたものである場合は，合弁契約を割愛する選択もあるかもしれません。もっとも，出口戦略は検討しておくべきであり，現地の会社関係法において自社が有する権利を確認した上で，必要に応じ，プットオプション（後述）などを取り決めることが推奨されます。

ア　現地の会社関係法の確認

　合弁会社の設立，機関設計と運営は，現地の会社関係法によって規律されますので，前提としてその確認が必要です。すなわち，役員の選任・解任，増減資，配当，解散，少数株主の有する権利などのデフォルトルールを確認し，それらと自社の立場を照らし合わせ，合弁契約に何を定めるべきかを検討します。この点で，現地の制度に明るい弁護士のサポートを得ることが推奨されます。

　なお，合弁契約は私人間の契約ですので，その準拠法を会社が設立された国とは異なる国の法律とすることは，通常，理論的には可能です。もっ

18

とも，そのようにすると，会社の運営の基準が複数の国の法律にまたがることとなり複雑化するため，合弁契約の準拠法は，会社の設立された国の法律とすることが多いといえます。また，中国では，合弁契約の準拠法を中国法とすることが強制されます。

イ　定款などと併せた検討

　会社は，現地の会社関係法に従い，日本でいうところの定款（Articles of Incorporation, Articles of Association, Corporate Charterなどと呼ばれます）を制定し，それが運営の基礎となります。定款の記載は，法令に違反しない限り法令に優先しますので，合弁契約を策定する際は，定款も併せて検討することが必須となります。

　なお，日本では，定款において機関設計を含めた運営ルールの詳細が定められ，その変更には株主総会の特別決議が必要とされており，それに類似した制度の国も多いですが，米国各州では，Articles of Incorporation（基本定款）には，社名，株式の情報，登録事務所の情報，発起人の情報などのごく基本的な事項のみが記載され，運営に関する詳細はBylaws（付属定款）において定められ，通常，Bylawsは取締役会の決議においても変更できるものとされます。したがって，そのような付属規定の確認も忘れてはなりません。

ウ　経営権の確保

　合弁契約において最も重要となるのは通常，経営権の問題です。これは，日常的な意思決定については，取締役（Director）の人数と指名権の問題と言い換えることができます。ほとんどの場合，取締役の選任と解任は，過半数の株主によって決せられますので，自社が過半数の株式を保有する場合は，マイノリティ株主に権利を与え過ぎないように配慮します。逆に，自社がマイノリティとなる場合は，希望する割合の取締役を指名する権利を確実に確保できるように規定します。どの株主が指名した取締役が代表

第1編　国際ビジネス契約　総論

者となるかも定めておきます。

　併せて，取締役全体の人数も明確に合意しておく必要があります。将来的に取締役の数が増えることが想定される場合は，指名できる取締役の人数も調整されるように定めておきます。

　取締役の数が偶数で，各株主からの指名数も均衡している場合は，その合議においてデッドロックが生じる可能性があります。日常的な経営上の意思決定におけるデッドロックは事業をいたずらに停滞させるおそれがありますので，可能であれば，議長の判断に委ねるなどの対処をしておきたいところです。株主レベルでのデッドロックについては後述します。

　自社がマイノリティである場合は，上記に加え，重要事項について株主としての拒否権を定めることも検討します。増減資，合併，組織再編，解散などの組織上の事項に加え，所定金額以上の投資や借入れといったビジネス上の事項を定めることもあります。

エ　前提とする関連取引の明示

　合弁会社の設立目的は様々ですが，合弁会社から配当を得るだけでなく，自社との取引を念頭に置いている場合も多いといえます。例えば，合弁会社に対して原材料，部品，商品などを販売・供給したり，技術を提供してロイヤリティを得ることを前提にしているケースです。そのような場合は，かかる契約を締結する旨を合弁契約に明記し，また可能であれば締結予定の契約書を添付します。特に，自社が経営権を確保できていない場合は，自社が望む内容の契約が締結される保証はないことを自覚しておくべきです。

オ　ファイナンスに関する責任分担

　合弁会社の運営に追加の資金が必要になる事態を想定しておくことが必要です。自社がマジョリティ株主である場合は，通常は積極的に追加投資を行う（行わざるを得ない）ことになるでしょうが，自社の保有株式割合が

減損されない範囲で，他の株主にも責任を負担してもらいたいところです。逆に，自社がマイノリティ株主である場合は，追加投資を行うか否かはその時点での経営判断になりますので，追加投資の義務を必然的に負うことは避けたいところです。

このような自社の立場を踏まえ，必要に応じ資金調達の方法と責任分担を合弁契約に定めます。方法としては，金融機関からの借入れ（株主の保証を必要とされる場合もあります），株主からの借入れ，新株発行が考えられ，その優先順位を定めることもあります。また，責任分担は，特定の株主の責任とすることもありますし，持株割合に応じた責任とすることもあります。

カ　株式の譲渡制限とエグジット

合弁会社では，通常，特定の株主間の関係を前提にしていることから，株式の譲渡が原則として制限されます。他方，各株主として，合弁事業から手を引く，すなわち株式を手放すべき場合，また他の株主が株式の処分を希望する場合も想定しておかなければなりません。それらの思惑のバランスから，以下のような条項が適宜，設けられます。

(ア)　先買権

先買権（First Refusal Right）とは，株式の譲渡を制限する方法として，単に他の株主の承諾などを条件として，承諾が得られなければ譲渡できないとするのではなく，第三者へ譲渡できる権利を残した上で，他の株主に対して先に当該株式を譲り受ける機会を与えるものです。株式の譲渡を希望する株主にはその機会を確保しつつ，他の株主としては望まない者が新たな株主になることを防ぐことができる仕組みです。

先買権を定める場合は，株式の譲渡価格の設定方法を工夫する必要があります。譲渡希望の株主が，第三者へ譲渡するに先立ち，他の株主に対して希望する譲渡価格を通知し，一定期間以内に先買権を行使する株主が現れなければ第三者へ譲渡することができるとしますが，ここでの

株主への提示価格は，第三者へ譲渡を予定する金額の同額以下としなければならないとします。他の株主に対しては高い金額を提示して，買い取らないと判断したら第三者に対してそれより安く譲渡することができては，他の株主の利益が損なわれるからです。

(イ) 売主追加請求権，共同売渡請求権

これらも，株式を第三者に譲渡することを前提とした場合に，投下資本の回収を容易にするための仕組みです。

売主追加請求権（Tag Along Right）とは，ある株主（通常はマジョリティ）が第三者に株式を譲渡しようとする場合に，他の株主（通常はマイノリティ）が，自らの株式もともに同一条件でその第三者に譲渡することを，譲渡を希望する株主に求める権利です。マジョリティの株主が株式を第三者に譲渡しようとする場合，マイノリティの株主としては，新たな株主とともに会社を維持するより，自らの株式も売却して投下資本を回収した方がよい場合があり，その機会を与えるものです。

共同売渡請求権（Drag Along Right）とは，ある株主（通常はマジョリティ）が第三者に株式を譲渡しようとする場合に，その株主が他の株主に対し，同一条件でその第三者に保有株式を譲渡するよう求める権利です。これは主にマジョリティの株主の投下資本の回収を容易にするための仕組みです。つまり，マジョリティの株主がその株式を第三者に譲渡しようとしても，譲受け先としては，他の株主との合弁事業として引き継ぐより他の株式も一括して譲り受けることを希望することが考えられます。その場合に，他の株主にも最低限の投下資本を回収させつつ，マジョリティ株主がエグジットしやすくするものです。

(ウ) プットオプション，コールオプション

プットオプション（Put Option）とは，他の株主に対して，自らが保有する株式を買い取るよう請求できる権利です。

反対に，コールオプション（Call Option）とは，他の株主に対して，その保有する株式を自らに売り渡すよう請求できる権利です。

これらのオプションを定めることで，合弁事業からのエグジットを確保することができます。もっとも，他の株主にも同様の権利を与えることになるとすれば，慎重な設計が求められます。

　通常，これらのオプションの行使は，合弁契約に定める所定の事由の発生を条件としますが，条件を設けない設計も理論的には可能です。典型的な条件としては，他の株主が，合弁契約の重大な条項に違反した場合や，合弁契約が何らかの理由で終了した場合（合弁契約が終了しても，当事者の合意が消滅するだけで，会社は存続します）が挙げられます。また，ビジネスの成否にかからせたいときは，会社の具体的な目標（所定年数以内の販売開始，所定年度での売上達成など）の未達成や，財務状況（所定年数連続での営業赤字など）を条件とすることもあります。

　これらのオプションについては，株式の買取価格の定め方も設けておく必要があります。代表的な方式は，純資産方式や収益還元方式（Discounted Cash Flow ＝ DCF）ですが，外部の会計士など公正な第三者へ判断を委ねることもあります。

キ　デッドロック

　持株割合が50対50である場合や，拒否権が定められている場合には，株主間による最終的な意思決定がデッドロックに陥る可能性があります。合弁契約にはそのような場面も想定した解決策を定めておくことが望まれます。

　もっとも，解決方法は，自社の株式を他の株主に全部譲渡する，他の株主の株式を自社が全部譲り受ける，又は合弁会社を解散する，という3通りが基本となります。一方の株主が株式の金額を決定し，他の株主が，全部買い取るか全部売却するかのいずれかを選択するという条項（ロシアンルーレット条項）を設ける場合もあります。

　経営権を支配したい場合は，やはり50％超の株式を保有し，かつマイノリティの拒否権を限定することが理想です。

23

第1編　国際ビジネス契約　総論

ク　パートナーのデューデリジェンス

　以上は，合弁契約の内容について概説しましたが，以下では契約外の留意事項について述べます。

　外国パートナーのデューデリジェンス（監査）は，間接進出においても重要ですが，合弁事業を営むパートナーについては，その重要性は格段に増します。ポイントは財務状況とコンプライアンスです。

　財務状況の悪い企業とのビジネスが望ましくないことはいうまでもないですが，単に契約のみで維持されている関係であれば，損失を確定させて関係を解消することも比較的容易であるのに対し，運命共同体となる合弁会社では，追加投資が必要となった場合の資金負担を自社に強いられ，プットオプションを行使しようとしても先方に買取り資金がなく，赤字が垂れ流されていくという事態が生じえます。

　また，合弁パートナーのコンプライアンス違反は，子会社・関連会社のコンプライアンス違反とみなされるおそれがあります。例えば，合弁パートナーが合弁事業に関して外国公務員に対する贈賄規制に違反すれば，合弁会社やその役員が責任を問われる可能性もあります。

　よって，合弁パートナーについては，あらかじめ十分な調査を行うことをお勧めします。

ケ　「名義貸し」のリスク

　前述のように，新興国などにおいては，多くの事業について外国資本による投資が制限されています。この規制を形式的にクリアするため，現地の個人や法人が名義上の過半数株主となり，実質的な経営はマイノリティである外国資本の株主が行うという運用が存在しています。しかし，そのような名義貸しは，本来，外資規制を潜脱するものとして違法であり，ペナルティも課されます。名義上の株主に対しては議決権が制限された優先株式を発行するなどの方法で合法化を図る試みがなされますが，実質的に見ればグレーといわざるを得ない事案もあります。安易に違法な手段を用

第1　国際ビジネスの類型

いず，実質を備えたパートナーを探すべきです。

コ　自社と合弁会社との間の契約

　自社は合弁会社との間で何らかの取引を行い，材料などの供給契約，商品について販売店契約，生産委託契約，特許，商標，技術などのライセンス契約などを締結するケースが多いですが，それらを書面化するべきはもちろんのこと，契約の内容は自社の権利をしっかりと守るものとしておくべきです。資本関係があると契約は形式的に済ませがちですが，合弁会社の資本関係や経営権は流動的ですので，仮に自社がマジョリティであったとしても，当初から対等な取引先であるとの認識で臨むべきです。

　なお，同様の考え方により，合弁事業に関する特許や商標などの知的財産の登録は，それが自社の事業との関連性を有するものであれば，可能な限り合弁会社ではなく自社にて直接保有することをお勧めします。その上で，自社から合弁会社に対しライセンスを付与します。

(4)　労務管理

　直接進出型において，現地で従業員を雇用した場合，進出の類型を問わず，現地の労働関係法を順守することが求められます。労働関係法は常に属地的な強制法規です。よく，日本でも，外資系の企業においては，外資の文化に基づいた労務管理が正当化されるような雰囲気がありますが，それは単に従業員が諦めて事実上クレームを述べないだけであり，実際は日本の労働関係法に照らせば違法ということがよくあります。雇用に先立って現地のルールを把握しておくことが肝要です。

　次に，ガバナンスの問題となりますが，外国の拠点においては，現地従業員による不正が非常に起こりやすく，また発覚しにくいといえます。管理や営業が現地任せとなりますと，社内での馴れ合いや取引先との癒着が生じ，従業員の倫理観の低さともあいまって，着服やキックバックなどを許しやすくなります。そのようなことを防ぐためには，本社からの監査や，倫理・コ

25

第1編　国際ビジネス契約　総論

ンプライアンス研修などを定期的に行って緊張感を維持することが大切です。

　また，外国の労使紛争リスクは，往々にして日本より高いといえます。日本の雇用情勢は，その失業率の低さを見ても世界的にかなり安定しているといえますので，その平和な感覚のままでは危険です。特に，平均賃金が上昇している新興国において生産拠点を設ける場合は，ストライキが起こりやすいといえますので，労働条件の設定には格別の注意を払う必要があります。

⑸　撤退時の諸問題

　海外ビジネスは，大きな市場を背景にしたリターンが期待できる反面，コストがかかり，また，法律だけでなく政治，経済，為替など様々なリスクがありますので，残念ながら撤退を余儀なくされることも珍しくありません。貿易型や間接進出型であれば，取引を終了させれば手仕舞いとなりますが，直接進出，特に現地法人を設立した場合は，その会社を解散・清算するか譲渡しなければなりません。

　一般に，全持分を譲渡することができれば，法人格は維持されるため，手続は比較的簡便に済みます。しかし，そもそも買い手がいなければ成り立ちませんので，譲渡を視野に入れる場合は，事業に価値がある段階で検討した方がよいといえます。

　持分の譲渡ができない場合は，解散・清算するしかありませんが，その手続の難易度は国によって様々です。中国では，多くの日本企業が現地法人の解散・清算に苦慮しています。日本の親会社が実質的に無限責任を負わされたり，従業員との労働契約の終了に際して補償金の支払が義務付けられたりするためです。なお，中国では，現地法人の持分譲渡に際しても当局の認可が効力要件とされています。

　現地法人が合弁会社の場合は，通常，その解散・清算のために合弁パートナーの同意が必要となります。その場面も想定して合弁契約を作成するべきは先に述べたとおりです。

　現地法人の設立にあたっては，こうした撤退時の問題も想定しておくこと

26

が必要です。

⑤ インバウンド

以上は，主に自社が外国に出ていく（アウトバウンド）場面を念頭に置いた説明をしていますが，外国企業が日本に進出する（インバウンド）に際しての日本側パートナーとなる場合は，立場を入れ替え，外国企業がどのような懸念を持って何を獲得しようと思索しているかを想像してください。

外国企業としては，貿易においては代金の早期支払を，販売店・代理店契約においては徹底した管理を，合弁契約においては経営権の確保などを求めてくるでしょう。それらの交渉は主にビジネスマターとはなりますが，日本の司法制度が安定していて信頼性が高いことや，日本国民の生真面目な性格などが理解されれば，外国企業の不安を緩和する一助になるかもしれません。

事業の基盤が日本であっても，取引先の文化的素地は外国のままですから，日本的な信頼関係を前提とした融和的な取引は危険であり，契約は国際取引としての意識をもって臨まなければなりません。

なお，外資系企業が取引先である場合は，法的な契約や責任の主体が具体的にどの法人であるのか（親会社，日本の子会社の他，シンガポールなどにある地域統括会社である場合もあります）を確認しましょう。そして，トラブルとなった場合にその主体に対して責任追及する場面を想定し，そのハードルが高いと思われる場合は，他の然るべき主体にも連帯責任を負ってもらう交渉を試みてもよいかもしれません。

27

第2 国際ビジネス契約の特徴と留意点

① 国際ビジネスの特徴

Point

　国際ビジネスでは，国家や国際組織の枠組みを前提とした制度的・法的側面，政治的側面，文化的側面，地理的側面において，国内ビジネスにはない特徴やリスクがある。

　国境を越えるビジネスには，国内ビジネスにはない多くの特徴やリスクがあり，それらが契約実務にも影響を与えています。

　以下では，それらの特徴を，国家という枠組みによる制度的・法的な側面，政治的な側面，文化的な側面，地理的な側面という4つの側面から分析します。

(1) 制度的・法的な側面

　主権国家は，それぞれ独立した法令を定め，独立した機関にて執行し，独立した司法制度の下で終局的な裁定を下します。そのような国家の独立性が，国際ビジネスの最大の障壁といえます。

　法令には，任意規定と強行規定があります。任意規定は，当事者の合意がない場合に適用されるものであり，当事者の合意があればそちらが優先されます。契約関係を律する民事法には任意規定が多く，例えば，商品の保証に関する責任（日本では瑕疵担保責任／改正民法では契約不適合責任）の有無や範囲などは，基本的に当事者の合意が優先します。国際ビジネス契約では，他国の法令が適用されることがあるところ，かかる法令の内容を逐一確認すること

29

は現実的でないため，当然と思われる内容も念のため記載しておこうという
マインドとなり，長文になる傾向があります。

他方，強行規定は，当事者の合意にかかわらず適用されるものです。各国
家が自国の利益を守る，競争の公正さを守る，又は消費者など社会的弱者を
守る観点から定めるものは，強行法規といえます。独占禁止／反トラスト，
代理店保護，個人情報保護，フランチャイズ規制，外国為替などに関する法
令は，その内容の合理性にかかわらず，順守しなければなりません。

更に事態を複雑にするのは，統治する主体が国家という単位にとどまらず
重層的に存在するため，法令が重畳的に適用されることがある点です。それ
には，国家の内部に主権が存在するパターンと，国家の外部に統治組織が存
在するパターンがあります。

前者の典型は米国です。米国は連邦国家として連邦法を定めます（連邦法
で定めることができる内容は憲法によって規律されます）が，50の各州に主権があり，
それぞれ独自の法令を定めています。米国各州は，それぞれ独自の司法制度
も有しており，その法令の位置付けは日本でいう都道府県レベルの条例とは
次元が異なります。また，香港では，中国の特別行政区でありながら英国の
コモンローによる統治を認めるという一国二制度であるため，香港法に加え，
中国本土の影響を少なからず受けます。

後者の代表例は欧州連合（European Union ＝ EU）です。欧州連合は，既存
の国家が条約を通じて統一した経済圏を作ることを意図したものですが，主
に関税の低率化によって自由貿易を推進することを目的とした東南アジア諸
国連合（Association of South-East Asian Nations ＝ ASEAN）や北米自由貿易協定
（North American Free Trade Agreement ＝ NAFTA）などと異なり，欧州連合自
体が立法機関（欧州議会），執行機関（欧州委員会／European Commission），そし
て司法裁判所を有し，その法令や裁定は加盟国を拘束します。前述した知的
財産の保護制度など便利な面もある一方，独占禁止法の取締りは厳しく，一
般データ保護規制（General Data Protection Regulation ＝ GDPR）への対応は各国
の企業を悩ませています。

30

第2　国際ビジネス契約の特徴と留意点

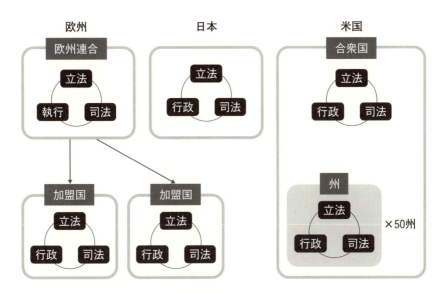

重層的な法制度

　加えて、法令の中には、域外適用、すなわち自国の地理的な範囲を超えて適用されるものもあります。通常、法令は、自国の領域内での行為に対して適用されるものですが、目的とする利益の保護を徹底するため、自国の領域外での行為に対しても、自国との関連性があれば、自国の法令に基づき自国の執行・司法機関において監督・裁定しようとするものです。代表例は、外国公務員に対する賄賂を規制する米国の連邦外国腐敗行為防止法（The Foreign Corrupt Practices Act = FCPA）や英国の賄賂防止法（UK Bribery Act）であり、日本企業を含めた外国企業やその従業員が、米国や英国の領域外での行為について、その領域に入った途端に身柄を拘束される例が報告されています。前述の欧州の独占禁止法も、欧州における公正な競争を阻害するものであれば欧州外での取引についても効果を及ぼします。国際ビジネス契約において、米国は当事国ではないにもかかわらずFCPAの順守を定めたりするのは、こうした理由によります。

　そして、こうした各国、各州、各組織の法令における責任を最終的に裁定

第1編　国際ビジネス契約　総論

するのは，それぞれの独立した司法機関です。前述したように，米国の各州や欧州連合にもそれぞれ司法機関があります。各司法機関は，手続が異なりますし，主権の発現であることから他の司法機関の判断を尊重するとは限らず，複数の司法機関において矛盾する判断がなされる可能性もあります。

このように，国際ビジネスにおける法的帰結は，単一の主権の下で単一の司法制度にて完結する日本におけるそれと比べ，格段に予測しにくいものとなります。

(2)　政治的な側面

国家や国際組織の枠組みは，可視的な法令や司法判断という形だけでなく，政治的な歪みを引き起こします。米国と中国との間の貿易摩擦，日本と韓国との間の歴史的な遺恨に基づくボイコット，中国と香港，台湾との間の統一問題，英国の欧州連合からの離脱問題など，枚挙に暇がありません。それらの影響は，日本国内にあっても間接的に受けるものですが，関連する国に進出している場合は直撃となります。為替は想定外に変動しますし，商品が関税措置の対象になることもあり，撤退を検討せざるを得ない場面も生じえます。

また，一国の内部においても，政治・経済・社会環境などの変化により，取引先の事情とは無関係にビジネスの遂行が影響を受ける場合（いわゆるカントリーリスク）もあります。内戦などにより治安が悪化することもあれば，法改正によって事業が規制対象に挙げられてしまうこともあります。

このように考えると，契約における不可抗力（Force Majeure）条項は，国際ビジネスにおいては単なる慣例的な記載ではなく，実際に適用される場面も十分に想定されるものといえます。

(3)　文化的な側面

日本は，人種，言語，慣習，文化などの単一性が極めて高い島国です。今後，外国人の受入れが進みますが，人口の全体における割合は小さく，鎖国

以来の長年にわたって培われた社会的な素地は基本的に変わらないでしょう。そのような環境ゆえ，日本人には，信頼関係を大切にし，余計なことは言わない謙虚さを尊び，阿吽の呼吸で意思疎通をし，紛争となっても「話せばわかる」と考える，融和的・平和主義的な特徴があります。人々は勤勉で，組織的な犯罪を除けばビジネスにおいて詐欺に遭うことも稀です。それが日本を安全で暮らしやすい場所にしているといえ，素晴らしいのですが，国際ビジネスに同じ感覚のまま踏み込むことはとても危険です。

　実際に足を踏み入れると実感しますが，外国の文化や慣習は，時にカルチャーショックを受けるほど異なり，また多様です。米国やオーストラリアは多民族国家ですし，欧州やアジアはほとんどの国が陸続きで相互の影響を受けています。そのような根本的な思考が異なる人たちと，（信頼関係を築くことはもちろん大切ですが）阿吽の呼吸で意思疎通し，話せばわかる関係を築くことは期待すべきでなく，むしろ，言うべきことはきちんと言う，約束をしたら書いて残す，というマインドに切り替える必要があります。それは，国際ビジネスでは当たり前のことであり，遠慮することはありません。

　外国パートナーに対して期待する勤勉さや時間感覚も，余裕を持って構えておくべきです。日本人の勤勉さと時間に対する厳しさは，世界でトップクラスであることを自覚しなければなりません。

　また，新興国を中心に規範意識が低いことも多く，ビジネスレベルでの詐欺や，詐欺とまではいかないまでも平気で大口を叩いて取引を持ち掛けてくることも珍しくありません。相手の話を鵜呑みにせず，常に疑ってかかる姿勢をもつべきです。

⑷　地理的な側面

　国際的な物品の運送は，海上，航空，陸上の運送を適宜組み合わせますが，時間とコストとリスクを伴うものです。特に，島国である日本では，物品を運ぶには常に海を越えなければならず，運送距離も長くなります。海を越えた後，仕向地に到着するまでの運送も，現地の業者の信頼性などに不安があ

第1編　国際ビジネス契約　総論

ります。

　そのようなリスクを担保するために，国際貨物保険（運送中の事故により貨物に生じた損害を補填）や貿易保険（運送上の事故ではない取引そのものにかかる損害を補填）が利用されます。また，契約上，物品に対する危険がどの時点で売主から買主に移転するのか，運送と保険の手配と負担はどちらがするのかを明確にする必要があり，これには慣例的にインコタームズ（第1編第2・6参照）が活用されています。

　また，物品の運送に時間がかかるということは，代金の支払との同時履行が困難であることを意味します。売主は，代金の支払を確認してから物品を引き渡したいと考え，買主は，代金を支払ったものの物品が届かない事態を懸念します。この問題に対処するため，信用状（L/C。第1編第2・7参照）の仕組みが発達していますが，信用状は常に利用できるものでもないため，支払は両当事者にとって常に重要な課題となります。

② 契約書の重要性

Point

> 国際ビジネスにおいては，周到な契約書が必須であり，その内容が全ての拠り所。

　上記のように，外国パートナーとの間では，文化や慣習が異なり，日本的なビジネス感覚は通じないと考えておくべきです。また，お互い，慣れない言語でのコミュニケーションとなるため，誤解や勘違いも生じやすいといえます。重要な条件を口頭でのやりとりのみで済ませるべきでないことはもちろんですが，電子メール，見積書，議事録など，様々な情報が行き交う中で，どこまでが合意事項であるのかについて，取引先が同じ認識をもっている保証は全くありません。さらに，国際ビジネスにおいては，取り決めるべき事項が多岐にわたるため，それらをまとめて可視化する必要性が高いといえます。加えて，国際ビジネス契約においては，英米法の影響を受けて，一般条

34

項として全部合意（Entire Agreement）条項（第2編第6・3(7)参照）が設けられ，契約書に記載された内容と矛盾する従前のやりとりは効力を否定される運用が一般化しています。

このように，国際ビジネスにおいては，契約書の記載が全ての拠り所となるため，契約書の締結を割愛してはならず，またそこには合意事項を網羅的に明記することが望まれます。性善説ではなく性悪説が前提となるため，契約書は長文になる傾向にありますが，やむを得ません。

こうした助言に対しては，「発展途上国など規範意識の低い国の取引先は，どうせ契約書など守らないから，なくても同じではないか？」という質問を受けることがあります。たしかに，契約書が軽視されることもあります。また，契約違反があっても，司法機関などを通じて最終的な責任追及をするにはハードルが高いということもしばしばです。しかし，契約書がなければ，そもそも交渉材料すらないのです。そのような取引先であるほど，契約書はきちんと準備することが大切です。

③ 言　語

Point

> 原則として英語を正文に。日本語も可。精通していない言語を正文とすることは避ける。

国際ビジネス契約で使用する言語は，英語が圧倒的です。私人間の契約で英語を使用しなければならないルールは何もありませんが，事実上，国際ビジネスにおける共通語となっており，それが母国語でない人にとっても理解しやすく，表現に伴う法的意味合いも慣習的な共通認識になっているといえます。

各国の現地法において，契約に使用する言語は原則として自由とされており，それによって効力が否定される場合は基本的にありません。そのため，取引先が日本語での締結を可とすれば，日本語でも結構です。もっとも，後

35

第1編　国際ビジネス契約　総論

になって日本語だったから理解していなかったという言い訳を許さないよう，不安であれば英語も参考として併記することをお勧めします。他方，英語その他の精通した言語を除き，取引先の母国語にて締結することは避けるべきです。翻訳の手間がかかる上，ニュアンスを正確に把握することや変更に気付くことが困難だからです。取引先が母国語の利用を希望したら，英語を正文とし，他の言語を参考として併記した上で，両者に矛盾があれば英語が優先すると定めるべきです。

　なお，インドネシアでは，契約当事者にインドネシア人又は法人が含まれている契約は，インドネシア語で作成されなければならない（国旗，国語，国章及び国家に関する法律2009年第24号31条1項）とする一方，外国の当事者が含まれる場合は，外国語又は英語で記載することもできる（同法31条2項）とされ，その優先関係が明確になっていません。このように，現地語がないことによって契約が無効とされるリスクが指摘されている国では，念のため現地語を併記することもあります。

　また，当局への登録や提出が要求される場合（例えば，ベトナム，タイ，インドネシアなどにおける知的財産権のライセンス契約）は，現地語での作成が必要とされることがあります。

④　英米法と大陸法

Point

英米法は伝統的な英文契約のスタイルや概念のベースとなっている。

　世界の法体系は，英米法（Anglo-American Law）系と大陸法（Continental Law）系に大別することができます。

　英米法は，判例法／コモンロー（Common Law）主義と呼ばれ，事案ごとの具体的な事実関係をベースとした先例（Case Law）が法源となって拘束力をもちます。歴史的には，そのような先例による救済（主に損害賠償）では不十分である場合に，差止命令のような別の救済手段を適用するため，衡平法／

36

エクイティ (Equity) という法体系が別に発展しました。現在では，それら
の法体系は融合され，英米法系の地域をCommon Law Jurisdictionと呼ぶこ
とも一般化していますが，Equityの概念も残っているため，英文契約にお
いてはその文言を見ることもよくあります。また，国際ビジネス契約におい
て，保証の否定（No Warranty）や責任限定（Limitation of Liability）の条項が大
文字で記載されていることが多いのは，英米法において，そのような条項は
目立つように（conspicuous）記載しなければならないとされていることに由
来します（米国統一商事法典（Uniform Commercial Code ＝ UCC）Section 2 - 316(2)参
照）。一般条項にも英米法由来のものがあり，代表例は全部合意（Entire
Agreement）条項です。これは，契約締結前になされた他の合意に関する証
拠を採用しない「口頭証拠排除原則」（Parole Evidence Rule）が反映されたも
のです。

　大陸法は，制定法（Civil Law / Statutory Law）主義と呼ばれ，規範を抽象化
した制定法が一次的な法源となります。大陸法系の地域を，Civil Law
Jurisdictionと呼ぶことも多いです。裁判例も先例拘束性を有しますが，あ
くまで制定法の存在を前提とし，その適用・解釈の範囲でのみ機能します。

　両者の違いは，法律の学習方法を例に挙げるとイメージがもちやすいかも
しれません。例えば，契約法を学ぶとき，日本の法学部では，まず民法の該
当条文を読むことから始めますが，米国のロースクールでは，いきなり昔の
裁判例を読むことから始まります。こうした，英米法の帰納的な発想と，大
陸法の演繹的な発想の違いは，弁護士がリサーチをする場面でも表れること
があります。

　英米法のスタイルは，英国の植民地支配と米国の経済発展によって，国際
ビジネス契約のスタンダードになったといえます。そのため，英米法の基本
的な概念を知っておくことは有用です。また，準拠法が米国各州，英国，そ
の他英米法系であるときは，その点を意識しておくべきです。他方，準拠法
が大陸法系であるときは，特に縛られる必要はありませんし，ドラフトに
Equityのような英米法の概念が入っていれば削除することが望ましいです。

37

第1編　国際ビジネス契約　総論

　英米法系といえる国は，他にカナダ，オーストラリア，ニュージーランド，シンガポール，香港，インド，マレーシアなどです。大陸法系の国は，英国を除く欧州諸国，ラテンアメリカ諸国，日本，韓国，中国，ベトナム，タイなどです。

　なお，英米法系の国でも，法令の成文化が進んでおり，あまり大陸法系と差がない印象を抱くこともあります。例えば，米国の統一商事法典（Uniform Commercial Code = UCC）は有名であり，日常的な商取引のルールを定め，判例法を成文化したものも含んでいます。UCC自体はモデル法であって拘束力はありませんが，各州はこれをベースとした州法を制定し，拘束力をもたせています。

⑤　どの法律に従うか

⑴　準拠法・国際私法とは

Point

> 　準拠法は合意をもって選択することが原則。合意がない場合は，各国の国内法である抵触法により定まる。

　国際ビジネス契約では，準拠法（Governing Law），すなわちその契約を規律し解釈する法律をどの国（又は州）の法律とするかが不可避的に問題となります。契約の内容については，基本的に契約自由の原則により当事者の合意が優先しますが，それが適用法の強行規定によって無効とされたり，契約に記載されていない事柄が問題となれば適用法のデフォルトルールに従うこととなります。そして，契約の場面にかかわらず，法律行為に対して複数の国の法が適用されうる中で，どの法が準拠法となるかを定める準則を，抵触法又は法の抵触（Conflict of Laws）ルールと呼びます。日本では一般に国際私法とも呼ばれます。どのルールにおいても，契約にて準拠法について当事者の合意があればそれが適用されますので，合意がない場合に問題となります。

　国際私法と聞くと，何か国際レベルでの法体系があるように思われますが，

38

第2　国際ビジネス契約の特徴と留意点

そのような統一の規範は存在しません。狭義での実質は，各国が定める国内法であり，日本では「法の適用に関する通則法」（以下，「通則法」といいます）がそれにあたります。すなわち，各国の裁定機関が問題となる法律行為の準拠法を判断する際，自国の法の抵触に関するルールを参照し，決定するというものです。そうしますと，紛争の交渉段階においては，各当事者が自国の抵触法に基づく準拠法を主張するも，所定の裁定機関が判断するまで確定しないという可能性もあるわけです。抵触法の基本的な考え方は国際的に一般化されつつあるため，ある程度の見通しは立ちますが，予測可能性を高める上でも準拠法は明確に合意しておくことが望まれます。

(2)　法の適用に関する通則法

Point

通則法では，契約の準拠法は，最も密接な関連のある地の法が原則とされる。典型的な供給型では，供給側の法が適用される可能性大。

通則法は，国際契約の準拠法を日本において判断するためのルールです。取引先の国における抵触法は同じではありませんが，基本的な発想は共通していることが多く，最終的な帰結を予測することにも役立ちますので，要点を紹介します。

ア　最密接関連地法

通則法においても，当事者が合意をもって準拠法を選択すれば合意に従います（通則法7条）。合意がない場合は，法律行為の成立と効力は，その行為の当時において最も密接な関係のある地の法（最密接関連地法）によるとされます（同法8条1項）。そして，ビジネス契約においては，特徴的な給付を行う当事者の常居所在地の法が最密接関連地法と推定されます。常居所在地とは，その当事者が当該法律行為に関係する事業所を有する場合は当該事業所の所在地，そのような事業所が法を異にする地にわたって複数ある場合は主たる事業所の所在地を意味します（同条2項）。ただし，不

39

第1編　国際ビジネス契約　総論

動産を目的物とする法律行為については，上記にかかわらず，その不動産の所在地法が最密接関連地法と推定されます（同条3項）。

　物品やサービスを販売し，対価として金銭を支払うという取引であれば，金銭を支払うことよりも物品やサービスを提供することが「特徴的な給付」とされます。販売店契約でも同様の判断となる可能性が高いです。すなわち，それらの契約では，サプライヤー側の国の法律が準拠法とされる可能性が高くなります。他方，生産委託契約であれば，受託者側の国の法律が準拠法とされる可能性が高いといえます。代理店契約において，代理店が販売促進と顧客との仲介を受託し，サプライヤーからコミッションの支払を受け，商品はサプライヤーから顧客へ直送するといった形態である場合は，最密接関連地はケースバイケースでいずれとも解釈しうるでしょう。

イ　不法行為

　契約関係があっても，不法行為を原因として相手方に責任追及することも想定されます。通則法は，不法行為によって生じる債権の成立と効力は，原則として加害行為の結果が発生した地の法によるとし，結果発生地が通常予見できない場合は加害行為が行われた地の法によるとしています（同法17条）。

　ただし，製造物責任については例外があり，引き渡された生産物の欠陥で他人の生命，身体又は財産が侵害された場合，生産業者（生産物を業として生産し，加工し，輸入し，輸出し，流通させ，又は販売した者）又は生産物にその生産業者と認めることができる表示をした者（総称して「生産業者など」）に対する不法行為に基づく債権の成立と効力は，被害者が生産物の引渡しを受けた地の法によるとしています。もっとも，その地における生産物の引渡しが通常予見することのできないものであったときは，生産業者などの主たる事業所の所在地の法によるとされます（同法18条）。

　不法行為については更に例外があり，不法行為によって生ずる債権の成

40

立と効力は，不法行為の当時において当事者が法を同じくする地に常居所を有していたこと，当事者間の契約に基づく義務に違反して不法行為が行われたことその他の事情に照らして，明らかに上記の規定により適用すべき法の属する地よりも密接な関係がある他の地があるときは，当該他の地の法によるとされます（同法20条）。

(3) 準拠法の選択と交渉のポイント

Point

日本法がベストだが，法的安定性の高い国の法は譲歩も可。法制度が未熟な国の法は避け，第三国法も検討。

日本企業にとっては，準拠法は日本法とする旨を明確に合意することがベストです。外国法が準拠法となりますと，トラブル発生時の帰結が予測しにくくなり，調査のためには当該外国の弁護士に依頼する必要が生じ，コストが高まります。

しかし，取引先が自国の法を準拠法にすることを譲らない場合，どのようなスタンスで交渉したらよいでしょうか。その際は，(ア)相手国法に譲歩する，(イ)他の条件を譲歩する代わりに準拠法で日本法を勝ち取る，(ウ)第三国法とする，(エ)準拠法の定めをサイレントにし抵触法に委ねる，という選択肢が考えられます。

相手国法を準拠法として許容してもよいかどうかは，その国の法的安定性と情報収集の難易度によります。米国のニューヨーク州，デラウェア州，イリノイ州，カリフォルニア州，英国，ドイツ，フランス，シンガポール，香港など，法制度に対する信頼性が高く，またビジネスが盛んで国際契約において準拠法とされる頻度の高い地域の法については，受け入れる余地を広くもっても構いません。他方，ミャンマーやカンボジアのように法制度が未熟で歴史の浅い国の法は極力避けるべきです。

実務では，準拠法と紛争解決地が並行して議論になることも多く，一方を譲歩して他方を取るとすれば，どちらがよいか質問されることがあります。

41

この点，理論的な対応関係はなく，事実上の交渉材料とはなりますが，あえていえば紛争解決地を優先するべきと考えます。準拠法が相手国法となるリスクは主に予測可能性と調査コストにとどまりますが，紛争解決地が相手国となるリスクは法的手続への応訴の負担を強いられることとなり，後者のリスクの方が圧倒的に大きいといえるからです。

どうしてもどちらかに着地できない場合は，上記のような信頼性の高い地域の法を第三国法として選択することも悪くありません。

あるいは，抵触法によれば日本法が適用されると予測される場合は，望まない国の法にて確定するよりは，準拠法の定め自体を削除してしまい，抵触法に委ねる方がベターということもあります。

(4) 留意点

契約における準拠法は，原則として当事者の合意で選択することができますが，中国の合弁契約では中国法の適用が強制されるように，ごく例外的に選択できない場合もあります。

また，私人間ではなく国家や行政がかかわる場面（行政手続，司法手続，会社の組織，不動産の登録，知的財産権の登録など）や，強制法規（労働関係法，消費者保護法など）は，当然のことながら合意された準拠法とは無関係に適用されます。

そして，国際的な物品の売買においては，ウィーン売買条約（CISG）の存在を常に意識し，適用の有無と排除の要否を検討します（第1編第1・2(4)参照）。

インコタームズ

Point

インコタームズを合意に取り込むことで，危険負担，運送・保険・通関に関する手配と費用の責任が定まる。所有権の移転時期は別に定める必要あり。

(1) 概　要

　インコタームズ（INCOTERMS）とは，国際商業会議所（International Chamber of Commerce = ICC）が制定した貿易取引条件（Trade Terms）とその解釈に関する国際規則（International Commercial Terms）の略称です。国際商業会議所は，1920年に設立された民間企業の世界ビジネス機構で，世界130か国以上の国内委員会など及びその直接会員である企業・団体より構成されています。インコタームズは，それぞれの国で扱いが異なる貿易取引条件に統一した解釈を与える目的で，1936年に最初に制定され，以後，商慣習に沿って改正を重ねています。インコタームズの規則は，アルファベット3文字で表され，これを用いることでその具体的な内容を記載しなくても，世界中どこでも同じ認識にて取引ができるため，実務において広く利用されています。

　現時点での最新版は「インコタームズ2010」であり，その前は2000年版でした。そして現在，2020年版の制定が進んでいます。

　インコタームズ2010は，あらゆる輸送形態に適した規則（Rules for Any Mode or Modes of Transport）7つと，海上及び内陸水路輸送のための規則（Rules for Sea and Inland Waterway Transport）4つの計11の規則から成ります。なお，その副題は「国内及び国際取引条件の使用に関するICC規則」（ICC Rules for the Use of Domestic and International Trade Terms）とされており，欧州連合加盟諸国や米国各州の間でも使用されうることが想定されています。

　航空輸送を含む場合は，「あらゆる輸送形態に適した規則」から選択することになります。また，かつての船舶輸送では，物品の引渡しは本船上に直接置かれることによってなされていましたが，コンテナの普及によって，物品は本船上ではなく運送人のヤードなどで引き渡されるようになりました。これを受けて，インコタームズ2010では，本船上での引渡しを前提とした伝統的な取引条件であるFOB（本船渡し），CFR（運賃込み），CIF（運賃保険料込み）に見合ったコンテナ貨物などのための取引条件として，FCA（運送人渡し），CPT（輸送費込み），CIP（輸送費保険料込み）を設けました。

第1編　国際ビジネス契約　総論

　なお，2020年版のインコタームズでは，EXW（工場渡し）が削除されるなど，改めて規則が再構成されることが予定されています。

⑵　何が定まるか

　インコタームズで定まるのは，物品の引渡しに関する輸出者（売主）と輸入者（買主）との間の㋐危険負担の分岐点，すなわち，物品に関する危険（いずれの責任でもない滅失や毀損）がどの時点で売主から買主に移転するか，㋑役割分担（運送の手配，保険の手配，通関手続），そして㋒それらの費用負担です。

　例えば，EXW（工場渡し）では，売主は，自社の工場で商品を引き渡せば全ての責任を全うし，以後の全ての手配，危険，費用は買主の責任とされ，売主にとって最も負担の少ない条件です。他方，DDP（関税込持込渡し）では，売主は，買主の国の仕向地へ届けるまでの全ての手配，危険，費用につき責任をもつこととされ，買主にとって最も負担の少ない条件です。現在の貿易で主流とされるコンテナ輸送で多く用いられるのはFCA（運送人渡し）といえ，売主は，輸出国側のヤードなどにて輸出通関を経て運送人に引き渡すまでの責任を負い，その後は買主が危険と費用を負担するものです。

　注意すべきは，インコタームズでは物品の所有権の移転時期は定まらないことです。契約書では，所有権と危険の移転時期が同じ条項で定められていることも多いため，よく誤解を招きますが，所有権の移転時期は別途定める必要があります。もちろん，危険と同時に移転すると定めても結構です。

⑶　法的位置付け

　インコタームズは，条約のような法規範性はありませんので，当事者がそれに従うことを合意することによって契約として効力を生じます。その際，インコタームズの内容はバージョンによって異なりますので，どのバージョンであるかを明確にするべきです。改訂版があればそれに従う（〜as amended）としたり，最新版（the latest version）とする例も多いですが，慣れた古いバージョンのままとすることも可能です。条項例については第2編第

44

第2 国際ビジネス契約の特徴と留意点

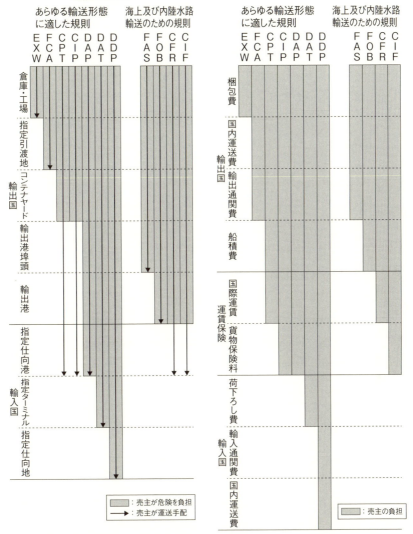

* 貨物保険とは、運送中の事故により貨物に生じる損害を補填する保険です。それとは別の貿易保険、すなわち運送上の事故ではなく、取引そのものにかかる損害を補填する保険は、売主にて加入します。

EXW = Ex Works（工場渡し）
FCA = Free Carrier（運送人渡し）
CPT = Carriage Paid to（輸送費込み）
CIP = Carriage and Insurance Paid to（輸送費保険料込み）
DAP = Delivered at Place（仕向地持込渡し）
DAT = Delivered at Terminal（ターミナル持込渡し）
DDP = Delivered Duty Paid（関税込持込渡し）
FAS = Free Alongside Ship（船側渡し）
FOB = Free on Board（本船渡し）
CFR = Cost and Freight（運賃込み）
CIF = Cost, Insurance and Freight（運賃保険料込み）

45

2・2(5)をご参照ください。

インコタームズとウィーン売買条約（第1編第1・2(4)参照）との関係については，インコタームズは当事者の合意であり，合意はウィーン売買条約に優先しますので，ウィーン売買条約が適用される場合も，インコタームズが定められていればインコタームズが優先します。

なお，貿易においてインコタームズを使用しなければならない決まりは何もなく，上記の要素，すなわち危険負担の移転時期，及び運送，保険，通関の手配と費用負担について個別に合意できれば問題ありません。時折，インコタームズを記載した上で，それとは矛盾する内容が記載されている契約書を見かけますが，そのような場合は当事者の意思を合理的に解釈して判断することになります。

信用状（L/C）決済

Point

> 信用状決済は両当事者にメリットあり。ただし，常に開設できるわけではなく，手数料もかかる。書類上の条件の不一致にも注意。

(1) 概　要

貿易取引では，地理的な制約から，代金の支払と商品の引渡しを同時に行うことができません。これは，売主，買主，いずれの立場にとっても大きなリスクです。この問題に対処するために生まれたのが信用状（Letter of Credit = L/C）の制度であり，このおかげで国際取引は発展したともいえます。

信用状とは，簡単にいえば，買主である輸入者の依頼を受けて，その取引銀行が，売主である輸出者に対して支払を確約するものです。売主にとっては，万が一，買主が支払をしなくても，信用状の発行銀行が支払をしてくれるので，代金回収のリスクが極めて小さくなります。また，荷為替手形と船積書類などを銀行に提示すれば，銀行がその荷為替手形を買い取るので，代金を早く回収することができます。ただし，信用状に記載された条件と，提

示する貿易書類上の条件などが完全に一致していないと支払がなされないため，注意深く確認することが大切です。他方，買主にとっても，銀行経由で送られる船積書類によって，商品が船積みされたことを確認してから代金を支払うことができます。

信用状については，国際商業会議所（ICC）が「信用状統一規則」（Uniform Customs and Practice for Documentary Credits = UCP）を制定しており，現時点では2007年に発効したUCP 600と呼ばれる規則が国際的なルールとして機能しています。その中のひとつの重要な点は，信用状は，どのような名称であっても取消不能（Irrevocable）とされたことです。従前は，取消可能な（Revocable）信用状も存在したことから，売主はこの点を確認する必要がありましたが，安定化が図られました。

なお，信用状は，誰でも開設できるわけではなく，買主である輸入者が発行を依頼する銀行に対して十分な信用を有していなければなりません。信用状の発行銀行は，買主の信用状況を審査して，与信の範囲内で支払確約をする金額を設定します。したがって，売主としては，買主に信用状の開設を求める場合には時間に余裕をもつべきであり，もし銀行に拒否をされたら与信を慎重に判断する必要があります。また，銀行の手数料も安くはありません。

(2) 決済の流れ

信用状を用いた決済は，信用状付の荷為替手形（Documentary Bill of Exchange）の決済という形で行われます。荷為替手形とは，為替手形（振出人が名宛人に対し，受取人又は被裏書人に対し，手形金額を支払うよう委託する有価証券）に，その支払の担保としての船荷証券（Bill of Lading = B/L），インボイスなどの船積書類を添付したものです。信用状付の場合は，そこに，元になっている信用状の情報（発行銀行名，L/C番号，発行日）が記載されます。

船荷証券とは，運送契約を締結したことの証拠書類であり，証券面に記載された受取人に，それと引換えに貨物を引き渡すことを約束した引換証です。船積書類に必ず含まれます。

47

第1編 国際ビジネス契約 総論

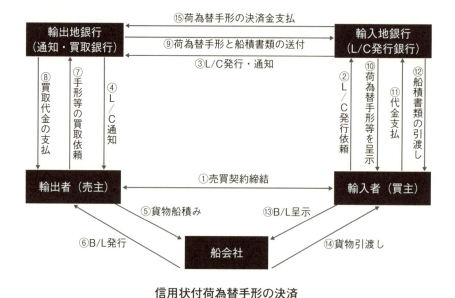

信用状付荷為替手形の決済

①輸出者である売主と輸入者である買主が売買契約を締結。
②買主が自国の取引銀行に対し，信用状（L/C）の発行を依頼。
③銀行は，信用状を発行したら，買主の国の取引銀行に通知。
④買主側の銀行は，その通知が来たら，売主に対し，信用状が発行されたことを通知。
⑤売主は，貨物を船積み。
⑥船会社は，貨物と引換えに，売主に船荷証券（B/L）を発行。
⑦売主は，船積書類を示し，取引銀行に荷為替手形の買取りを依頼。
⑧売主の取引銀行が，荷為替手形を買い取ることで，売主は代金を回収。
⑨売主の取引銀行は，信用状を発行した買主の取引銀行に対し，荷為替手形と船積書類などを送付。
⑩買主の取引銀行は，買主に対し，受け取った荷為替手形と船積書類を呈示。
⑪買主は，それらを確認した上で，自己の取引銀行に対し商品の代金を支払。
⑫買主は，取引銀行から，船積書類を受取り。
⑬買主は，船会社に船荷証券を呈示。
⑭船会社は，船荷証券と引換えに，買主に貨物を引渡し。
⑮並行して，信用状の発行銀行から，売主の取引銀行に対し，荷為替手形の決済金が支払われれば，決済が完了。

紛争をどのように解決するか

Point

国際的な紛争解決は不確定要素が多くコストも高い。訴訟又は仲裁による解決手段，そして管轄地を選択するが，最も重要なポイントは強制執行力の確保。

(1) **国際的な紛争解決の特徴**

国境をまたいで紛争が生じた場合，もちろん交渉によって解決できればよいですが，法的措置を講じなければならないとすると，国内における紛争に比して，様々な点で多くの困難に直面します。

自社からアクションを起こすことを想定してみます。その場合，相手方への金銭的な請求が目的であることが多いといえるところ，まず，相手方の資産の調査と把握が壁となります。仮に法的手続で勝訴しても，相手方がそれに従わない場合は，相手方の資産に対して強制執行をしなければなりません。そこで，国内でも難しい資産の調査を，外国の各制度の下で可能な限り行います。もし目ぼしい資産が見つかれば，仮差押えも検討すべきかもしれません。他方，資力に乏しい様子であれば，コストがかかる法的手続は諦めるべきかもしれません。なお，その強制執行の手続は，対象資産の所在地を管轄する裁判所に対して申し立てることになります。

その上で，紛争解決方法を選択します。これは契約書において合意されていればそれに従います（ただし，契約書の記載に問題があると，その方法を争う余地，又は争われる余地が生じます）。合意においては，終局的な手段として特定の司法裁判所又は仲裁が選択されますが，一定期間の交渉を先行させるなど段階的な手続を定めることもあります。合意がない場合（当事者が事後に合意することも可能です）は，司法裁判所のみが選択肢となります。仲裁は，当事者の明確な仲裁合意がなければできないからです。

紛争解決方法の合意がなく，司法裁判所となる場合は，どの裁判所に提訴するかを判断します。これは，次に述べるように，国際裁判管轄の有無と判

49

第1編　国際ビジネス契約　総論

決の執行可能性を主なファクターとして検討します。

　提訴するとして，送達先の特定が問題となりえます。この点，仲裁では送達のルールが比較的緩やかですが，司法裁判所の場合は各国の規則や条約に従った送達がなされなければ，後になって判決の効力が覆されることもあります。

　このように，手続を始める前から多くの課題があります。各手続の内容は次に述べますが，長い時間をかけて何らかの解決に至ったとして，コストはいくらかかったでしょうか。法的手続は，その国の弁護士に依頼する必要があるため，ほとんどのケースで外国の弁護士を雇用しなければならず，その請求は通常，1人あたり1時間何万円という時間制です。場合によっては日本の弁護士も重ねて雇用しなければならないかもしれません。

　他方，相手方からアクションを起こされる場合，どこで手続が開始されうるかにより，自社の負担は大きく変わります。契約書において，日本の裁判所の専属管轄や東京における仲裁とされていれば，仮に提訴されてもコストや時間の算段がしやすく，そもそも相手方にとっても提訴のハードルが上がります。他方，他国の司法裁判所や仲裁とされている場合や，合意がない場合は，慣れないアウェーでの戦いを余儀なくされ，多大なコスト負担を強いられるかもしれません。

　以上のように，国際的な紛争の解決は時間とコストの面で大きな負担を伴いますので，国際ビジネス契約の検討にあたっては，紛争解決方法の条項にとどまらず，その全体をとおして，万が一紛争となった場合のリスクの大きさと，それが顕在化する可能性の高さをイメージしておくことが大切です。

　紛争解決条項の交渉にあたっての具体的なポイントについては，第2編第6・2⑾にて詳述しています。

⑵　司法裁判所の訴訟

ア　国際裁判管轄

　まず，各司法裁判所は，自らに国際裁判管轄がなければ訴えを却下しま

50

第2　国際ビジネス契約の特徴と留意点

す。国際裁判管轄の有無は各国の訴訟法によって定まります。当事者が管轄合意している場合，原告の訴えに対し被告が異議なく応訴した場合，そして被告の住所地を管轄する裁判所である場合は，常に管轄権が認められますが，外国の相手方を日本の裁判所に提訴したとして管轄権が認められる保証はありません。

　この点，日本の現在の民事訴訟法の下（3条の2以下）では，典型的な支払請求の場合であれば，請求の内容を工夫することなどにより，かなり多くのケースで日本の国際裁判管轄が認められるといえます。

イ　執行力

　もっとも，司法裁判所を利用する場合の最大の課題は，判決の執行力です。後述する仲裁と異なり，司法裁判所が下した判決は，他国において執行が認められない可能性が格段に高くなります。司法裁判所の判決は，あくまで当該国の制度の下でなされた，原則として当該国の領域においてのみ有効なものですので，他国においてそれを執行するためには，当該他国の裁判所において，それを自国の判決と同様に扱うよう承認してもらうことが必要となります。そして，各国の裁判所は，外国の司法裁判所が下した判決について，自国のルールに沿って承認・執行するか否かを判断します。

　日本において，外国の判決が承認される要件は，以下のとおりです（民事訴訟法118条）。

　①　法令又は条約により外国裁判所の裁判権が認められること。
　②　敗訴の被告が訴訟の開始に必要な呼出し若しくは命令の送達（公示送達その他これに類する送達を除く）を受けたこと又はこれを受けなかったが応訴したこと。
　③　判決の内容及び訴訟手続が日本における公の秩序又は善良の風俗に反しないこと。
　④　相互の保証があること。

51

第1編　国際ビジネス契約　総論

　各国はそれぞれ独自に要件を定めていますが，基本的な要素は共通点が多いといえます。その中で，頻繁に問題になるのは相互の保証（reciprocity）です。相手国の裁判所において自国の裁判所の判決が執行される保証があれば，自国でも当該相手方の裁判所の判決を執行する，というものです。この点，日本では，米国の複数の州，英国，ドイツ，シンガポール，韓国などの裁判所の判決を執行した実績があるため，こうした国では日本の裁判所の判決が執行される可能性は高いといえます。しかし，現時点で，中国は日本の裁判所の判決の執行を認めていません。

　もし，相手国（相手方の資産がある国）において日本の裁判所の判決が執行できないのであれば，日本の裁判所で勝訴しても判決は紙切れ同然となりますので，選択肢から外れることになり，初めから相手方の所在地の裁判所に提訴することを検討することになります。

　逆に，自社の財産が日本のみにあり，日本の裁判所において相手国の裁判所の判決が執行されないとすれば，相手国の裁判所に提訴されても恐れることはないといえます。

ウ　国際司法共助

　裁判権の行使は国家の主権の発動ですので，他国の主権を侵すことがないよう，国境を越える訴状などの文書の送達や証拠調べなどの訴訟手続は，国際司法共助という仕組みの中で行われなければなりません。具体的には，各国が多国間や2国間の条約を結び，お互いを共助しています。日本は，「民事訴訟手続に関する条約」（民訴条約），「民事又は商事に関する裁判上及び裁判外の文書の外国における送達及び告知に関する条約」（送達条約）に加盟しています。送達条約に基づく外交ルートによる送達は時間がかかり，数か月を要する場合もあります。

(3)　仲　裁

仲裁は，当事者の仲裁合意に基づき，紛争解決を仲裁人の判断に委ねるも

のです。有効な仲裁合意が必須であり，各仲裁機関は推奨する合意条項を公開しています。

仲裁の最大のメリットは，仲裁判断の執行力が広く認められることです。「外国仲裁判断の承認及び執行に関する条約」（Convention on the Recognition and Enforcement of Foreign Arbitral Awards ＝ ニューヨーク条約）があり，その加盟国であれば，仲裁判断の執行が容易となっています。日本を含め主要国のほとんどが加盟していますが，台湾のように加盟していない場合もありますので，執行が想定される国（相手方の財産のある国）が加盟しているか確認することが大切です（ニューヨーク条約のウェブサイト参照：http://www.newyorkconvention.org/）。

その他のメリットは，当事者自治が認められ，仲裁機関，手続，仲裁人を選べること，仲裁人として専門家を選べること，国家機関としてのバイアスがなく中立性が高いこと，汚職がないこと，非公開であり機密性が高いこと，米国での陪審裁判を回避できること，ディスカバリ（証拠開示手続）を回避できること（ただし，英米法系の規則にはディスカバリが含まれ，合意により排除が必要となる場合もあります），国際送達の手間が簡易で済むこと，比較的迅速であること，合意により調停などのADR（Alternative Dispute Resolution）と連動させることができることなどが挙げられます。

迅速性との関係では，上訴できないことがメリットとして挙げられます。もっとも，結論に不満でも争えないことも意味しますので，メリットといえるかはケースバイケースです。

また，かつては低コストであるといわれたこともありますが，弁護士費用に加えて仲裁人の費用がかかることなどから，必ずしも妥当しないといえます。

その他，暫定的処分が限られる点や，仲裁判断が非公開のため結果の予測がしにくい点などがデメリットとして挙げられます。

とはいえ，上記のメリットゆえに，国際ビジネス契約では仲裁が好まれる傾向にあります。

53

第1編　国際ビジネス契約　総論

訴訟と仲裁の比較

	訴　訟	仲　裁
外国での執行力	各国の判断により否定される場合も多い	ニューヨーク条約により広く認められる
合意の要否	合意は不要	仲裁合意が必要
公開性	原則として公開	原則として非公開
判断者の選択	裁判官は選択できない	仲裁人を選択できる
手　続	所在地の法に従う	当事者が合意で選択できる
言　語	所在地の法が定める言語のみ	当事者が合意で選択できる
送　達	司法共助による手続が必要	簡易な送達が可能
上　訴	上訴が可能	上訴は不可
中立・公平性	中立・公平な国から，バイアスと汚職の多い国まで様々	中立・公平性が高い
迅速性	国により様々	比較的迅速
コスト	ケースバイケース手続と期間による	ケースバイケース仲裁人の費用がかかる

　仲裁合意においては，個別に手続を取り決めることもできますが，実務上，仲裁機関の規則を適用する旨を合意することがほとんどです。また，仲裁地（place of arbitration又は seat of arbitration）も定めます。これは厳密には当該仲裁事件について監督権を有する裁判所の所在地を意味し，適用される仲裁法が決まります（第2編第6・2(11)参照）。

　代表的な仲裁機関は，国際商業会議所（International Chamber of Commerce ＝ ICC）仲裁裁判所（Court of Arbitration）（ただし，裁判体があるわけではなく，事務局的な管理機能を果たすもので，実際の判断は仲裁人又は複数の仲裁人によって構成される仲裁廷（Arbitral Tribunal）が行います），米国仲裁協会（American Arbitration Association ＝ AAA），ロンドン仲裁裁判所（London Court of International Arbitration ＝ LCIA），シンガポール国際仲裁センター（Singapore International Arbitration Center ＝ SIAC），香港国際仲裁センター（Hong Kong International

54

Arbitration Center = HKIAC)，中国国際経済貿易仲裁委員会（China International Economic and Trade Arbitration Commission = CIETAC），日本商事仲裁協会（Japan Commercial Arbitration Association = JCAA）などがあります。

第3 国際ビジネス契約の体裁

① 英文契約書の構成

Point

英米法の伝統的なスタイルに慣れる必要はあるが，他のスタイルであっても，記載が明確である限り効力には影響しない。

契約書において最も重要なことは，相手方のみならず，誰が見ても趣旨が明確な表現を用いて，合意したことを漏らさず記載することです。それが各当事者によって確実に承認されていれば，書式の体裁にかかわらず有効となります。これは英文契約においても同じです。

もっとも，英文契約では，英米法の下で使用されてきた伝統的なスタイルが用いられることが多く，国際的な商慣習になっているともいえますので，以下に古典的な例を紹介します。実際の様式は，国によってかなり個性がありますので，必要事項が記載されていればこだわる必要はありません。

なお，契約書はあくまで合意したことの証拠であって，合意を他の方法で証明することも可能ではありますが，誤解が生じやすい国際ビジネスにおいては，フォーマルな契約書の体裁を整えるべきです。また，英米法では，詐欺防止法（Statute of Fraud）といって，一定の契約は当事者が署名する書面（書面性の要件は，現代では緩和されています）によらなければならないとされており，米国統一商事法典（UCC）にもその記載があります。

締結の具体的な方式は，ハードコピーに両者がサインする形が伝統的ですが，電子データのやりとりをもって行うことでも有効です。要は，両当事者が確実に承諾したことが客観的に示されることが重要です。ページの入替え

第1編　国際ビジネス契約　総論

を防ぐためには，日本では割り印を押す文化がありますが，国際ビジネスで
は各ページにサインかイニシャルを記載する慣習があります。

● 伝統的書式例

AGREEMENT

❶
This AGREEMENT, (this "Agreement") made and entered into as of
the 6th day of June, 2011 by and between ABC Ltd., a company
organized and existing under the laws of Japan, having its principal place
of business at ［address］(hereinafter referred to as "ABC")and XYZ
Inc., a company organized and existing under the laws of the state of
New York, having its principal place of business at ［address］(hereinafter
referred to as "XYZ"),

❷ WITNESSETH:

❸
WHEREAS, ABC engaged in business of…; and
WHEREAS, XYZ desires to…;

❹
NOW, THEREFORE, in consideration of the premises and mutual
agreements set forth herein, the parties hereto agree as follows:

Article 1…

…

❺
IN WITNESS WHEREOF, the parties hereto have caused this Agreement
to be executed in duplicate by their duly authorized representatives, each
retaining one copy, respectively.

❻
ABC   XYZ

By :＿＿＿＿＿＿   By:＿＿＿＿＿＿

第3　国際ビジネス契約の体裁

Name:	Name:
Title:	Title:
Date:	Date:

〈和訳〉

契約書

❶
この契約（「本契約」という）は，2011年6月6日に，日本の法律に基づき組織され存続し，その主たる事業所を【住所】に有するABC株式会社（以下，「ABC」という）と，ニューヨーク州の法律に基づき組織され存続し，その主たる事業所を【住所】に有するXYZ株式会社（以下，「XYZ」という）との間で締結され，

❷　以下を証する：

❸
ABCは，～のビジネスに従事しており……
XYZは，～を希望している；

❹
よって，本契約の前提及び相互の合意を約因として，本契約の当事者は以下のとおり合意する：

第1条…
…

❺
本契約の証として，本契約の当事者は，正式に権限を有する代表者をして本書2通を締結せしめ，各1通を保有する。

❻

ABC	XYZ
署名：＿＿＿＿＿	署名：＿＿＿＿＿
名前：	名前：

59

第1編　国際ビジネス契約　総論

```
肩書：                    肩書：
日付：                    日付：
⋮
```

❶：英米法の伝統的なスタイルは，契約書の全てがひとつの文章としてつながっている構成となっているため，カンマやセミコロンが多用されています。もっとも，この点にこだわる必要はありません。

　　当事者の名称と住所を記載します。わかりやすく文章の外に出しても構いません。なお，契約書は，記載された名義人に対してのみ効力を有しますので，会社の存在，正式名称，住所，代表者を必ず確認しましょう（名刺に記載された団体が実在しないこともありえますのでご注意を）。

❷："WITNESSETH" とは，中世に由来する「以下を証する」という慣例的な表現です。最近では "RECITALS" や "PREAMBLE"（前文）が使用されたり，割愛されることも多いです。

❸："WHEREAS" は，本契約に至る経緯を示す慣例的な表現で，単体での訳出は難しいです。これも使用されず，経緯のみが平易な文章で記載されることもあります。もっとも，これがあれば経緯であることが伝わりやすいといえます。いずれにせよ，当該契約に先立つ契約や関連する合意があったり，当該契約の前提としたい事項があれば，経緯において記載しておくことをお勧めします。

❹："in consideration of"（〜を約因として）の表現は，英米法において，契約にはお互いに何らかの対価性（それを約因と呼びます）が必要であるという理論に由来するものです。契約書の本文においては活用することがありますが，ここでの使用は慣例的なものといえます。

❺：締めくくりの表現は，これも慣例的ではありますが，広く利用されています。また，契約書の作成通数と，権限ある代表者によるものであることは，明記する意味があります。

❻：締結者については，前提として会社の代表権があることを確認すること

60

第3　国際ビジネス契約の体裁

が大切です。代表権のない者の署名では，後で効力を否定されかねません。

　世界のほとんどの国では印鑑を使用する文化がありませんので，サインをもって締結することが一般的です。なお，サインが本人のものであることについて確証を得たい場合は，公証人（Notary Public）による公証制度を利用することが考えられます。

② 付随的な合意書

Point

　LOIやMOUは法的拘束力の有無を明確に。関連する契約がある場合は具体的に参照を。

(1) LOI, MOU

　Letter of Intent（LOIと略され，基本合意書などと訳されることが多い）やMemorandum of Understanding（MOUと略され，覚書などと訳されることが多い）と呼ばれる書面は，ビジネスの初期段階に当事者のその時点における共通認識を記載したり，大げさな契約書とするまでもない合意事項を記載するときに用いられます。

　これらは必然的に法的拘束力がないと思われがちですが，そのようなことはなく，法的拘束力の有無はその内容と文言によって定まります。したがって，LOIやMOUだからといって安易にサインしてはいけません。そして，これらを作成するときは，認識のすれ違いを避けるため，法的拘束力の有無を明確に記載する必要があります。拘束力のある部分とない部分を分けることもあります。

　拘束力あり

The Parties acknowledge and understand that this MOU shall be legally binding upon both Parties.

61

第1編　国際ビジネス契約　総論

〈和訳〉

両当事者は，本覚書は，両当事者に対し法的拘束力を有することを確認し，理解する。

拘束力なし

This LOI shall have no binding effect and neither Party shall bear any obligation hereunder.

〈和訳〉

本基本合意書は，何ら拘束力がなく，いずれの当事者も本基本合意書において何ら義務を負うものではない。

一部拘束力あり

Except for Articles ［ ］(Confidentiality) and ［ ］(Exclusivity) which shall be legally binding on respective Parties, this LOI shall have no legal effect.

〈和訳〉

第【　】条（秘密保持）及び第【　】条（独占権）（それらは各当事者に対し法的拘束力を有する）を除き，本基本合意書は何ら法的効果をもたない。

(2) 変更合意書

　既に締結された契約につき内容を変更，追加する場合は，きちんと合意書の形で交わします。通常，一般条項には，変更などは書面によらなければ効果を生じないと記載されていますので，曖昧な形式ですと後で争われることがあります。名称は，Amendment（変更合意書）が一般的ですが，MOUなどでも構いません。大切なのは，対象になる契約を明示することです。

62

第3 国際ビジネス契約の体裁

●書式例

AMENDMENT

This AMENDMENT is made and entered into by… with regard to the Distributorship Agreement between the Parties dated April 1st, 2018 ("Agreement").

1. The sentences of Article 5 of the Agreement shall be deleted in its entirety and replaced with the following sentences:
   "………"

2. The following paragraph shall be added to Article 7 of the Agreement:
   "………"

3. All other provisions of the Agreement shall remain effective in accordance with the terms and conditions thereof.

〈和訳〉

変更合意書

本変更合意書は…当事者間の2018年4月1日付販売店契約（「本契約」）について締結される。

１．本契約第5条の文章全体を削除し，以下の文章に入れ替える：
　「……」

２．本契約の第7条に，以下の段落を追加する：
　「……」

３．本契約の他の全ての条項は，その条件に従い引き続き効力を有する。
⋮

63

第1編　国際ビジネス契約　総論

③ 受発注書と裏面約款

Point
> 基本契約を締結できない場合は，有利な内容の裏面約款を活用。

　国際ビジネスにおいては，取引の基本となるべき契約を交わすことが望ましいですが，現実には発注書（Order）と受注書／請書（Order Confirmation / Acceptance）のみにて進む取引もあります。そのような状態でトラブルが起きると，準拠法と紛争解決のオプションを検討することから始めなければならず，結果的に自社に不利な状況となる場合もあります。それを避けるためには，いわゆる裏面約款（General Terms and Conditions）を活用し，自社の発信する注文書又は受注書にはそれが適用されると明記しておくことが考えられます。もちろん，その内容は自社に有利にしておきます。

　裏面約款は，その性質上，効力に疑義が生じることもあります。また，当事者が相互に約款を出し合った場合，どちらに効力が認められるかが問題になります。これは，英米法ではBattle of Forms（契約書式の争い）と呼ばれます。

　それでも，自社の約款を準備しておくことをお勧めします。仮に効力に疑義があっても，議論の出発点が約款の記載となりますし，その効力を否定するのは相手方の負担となるため，交渉を有利に進める材料となります。他方，もし相手方が約款を使用しており，自社になければ，相手方に有利な約款が議論の出発点となってしまいます。

④ 英文契約に特有の表現・便利な表現

Point
> 大切なのは明確性と統一感。慣例的表現に慣れる必要はあるが，シンプルな表現でも十分。

　英文契約では，体裁だけでなく，用語においても独特な表現が用いられま

第3　国際ビジネス契約の体裁

す。それらは全て，当事者の権利・義務や条件などを誤解の生じないよう明確に定めることが重要である法律の世界において，実務的に確立されてきたものといえます。慣例的な表現や専門用語もあり，一見すると堅苦しく感じられますが，特徴に慣れれば読みこなすことは十分に可能です。

実務では様々な文章に遭遇します。伝統的で理路整然としたドラフティングに舌を巻くこともあれば，文法すら滅茶苦茶で全て書き直したくなるものもあります。いずれの場合も，ビジネスの流れを止めないよう，臨機応変にバランスのよい交渉をすることが大切ですが，文章作成にあたっての最も重要なポイントは，決して法律らしい表現を多用することではなく，平易な文章でもよいので趣旨が明確であること，また用語に統一感を持たせることです（同じ意味を表すのに別の単語が用いられると，異なる解釈を招く可能性があります）。また，英文契約の文章は伝統的に，受動態の多用や長文化によって複雑になる傾向がありますが，最近は能動態を主体とするシンプルでストレートな文体も推奨されています。

以下では，英文契約において頻出する特有の表現や，交渉などにおいて便利な表現の一部を紹介します。

(1)　助動詞 (shall, mayなど)

一般に，義務（～しなければならない）を表す助動詞は "must" ですが，英文契約では "shall" を用いることが慣例となっています。"shall not" は禁止（～してはならない）を意味します。"must" を使用してもよいですが，契約書全体で統一することが望ましいです。

"will" と "will not" も使用されますが，通常は単なる未来形であって義務を表すものではないので，文脈により注意が必要です。契約書全体において，"shall" が使われず，全て "will" で統一されている場合は，全ての "will" は義務を表すものと解釈し，あえて全てを "shall" に置き換える必要はないことも多いといえますが，"shall" と "will" が混在している場合は，義務を表さない "will" を意図的に使用していると考えるべきです。

65

第1編　国際ビジネス契約　総論

　可能性を示す助動詞は，"may"（～してもよい）と"may not"（～しないかも
しれない／～してはならない）の方が，"can"（～してもよい）と"can not"（～し
てはならない）よりも使用頻度が高いです。なお，"may not"を禁止の文脈
で使用することも可能ですが，曖昧になる懸念がある場合は"shall not"が
無難です。

　いずれにせよ，助動詞の用法は契約書全体で統一するべきです。自らドラ
フトする場合は，義務は"shall"，禁止は"shall not"，可能性は"may"で
統一することが無難です。

(2)　権利・義務・責任を表す (entitle, require, oblige, responsible, liableなど)

　契約書は，当事者の権利と義務を定めることが目的ですので，それらの表
現は極めて重要です。権利は"right"（権利），"entitle"（権利が与えられる。名
詞は"entitlement"）など，義務は"require"（求める。名詞は"requirement"），
"oblige / obligate"（義務付ける。名詞は"obligation"）など，責任は"responsible"，
"liable"（"responsible"は物事に対応する責任，"liable"は法的な意味での責任という
文脈が多いです。名詞は"responsibility"，"liability"）などが使われます。それら
は必ずしも全て統一されている必要はありませんが，いずれも解釈の余地が
ない表現を用いるべきです。

〈権利を表す例〉
- ABC shall have the right to… （～する権利がある）
- ABC shall be entitled to… （～する権利がある）

〈義務や責任を表す例〉
- XYZ shall be required to… （～することが求められる）
- XYZ shall undertake to… （～することを引き受ける）
- XYZ shall be obliged (have obligation) to… （～することを義務付けられる）
- XYZ shall be responsible (have responsibility) for… （～について責任があ
  る）

66

第3　国際ビジネス契約の体裁

- XYZ shall be liable（have liability）for…（〜について責任を負う）

(3)　権利・義務の範囲を表す（best effortなど）

　権利や義務の内容は一様ではありません。そして，一句を加えるだけで効果が全く異なり，骨抜きになることもあります。例えば，絶対的な義務の定めも，努力義務（effort / endeavor）へと変更されると，努力さえしていれば結果が伴わなくとも義務を果たしたこととなります。その場合，"best effort"（最大限の努力）であるか，"reasonable effort"（合理的な努力）で足りるかにより，程度もかなり異なります。また，対応が不可能又は困難な内容を義務とされることを避けたい場面などでは，"to the extent"（〜の範囲で）や "as long as"（〜の限り）という表現が便利です。

〈努力義務を表す例〉

- ABC shall purchase the minimum quantity…（最低購入量を購入しなければならない）
- → 　ABC shall do/make its best effort/endeavor to purchase…（〜を購入する最大限の努力をしなければならない）

　ABC shall do/make its reasonable effort/endeavor to purchase…（〜を購入する合理的な努力をしなければならない）

〈権利・義務の範囲を画する例〉

- To the extent permitted under applicable laws, XYZ's liability shall be limited to…（適用法において許容される範囲において，責任は〜に限定される）
- XYZ shall give the prior written notice to ABC to the extent that / as long as such notice is practically possible for XYZ.（それが実務的に可能である範囲において／限り，事前の書面による通知を行う）

67

第1編　国際ビジネス契約　総論

(4)　請求・要求を表す (claim, demand, request)

　これらの単語は，和訳では違いがわかりにくいですが，"claim" と "demand" は強制的な請求権を前提とし，"claim" は金銭的な支払を対象，"demand" は非金銭的な作為・不作為を対象とすることが多く，"request" は相手方にも裁量が残されているリクエストというニュアンスとなります。

- ABC shall have the right to claim compensation for… (〜に対する補償を請求する権利を有する)
- ABC shall be able to demand that XYZ shall submit reports… (報告の提出を要求することができるものとする)
- ABC may make a request to… (〜を求めることができる)
  Upon ABC's request,… (求めがあるときは)

(5)　請求などに合理性を求める (reasonable)

　どんな不合理な請求でも応じなければならないのか，あるいは合理的な理由がないのに承諾を拒否されては困る，といった懸念がある場合に便利なのが "reasonable" (合理的な)，"unreasonable" (不合理な) です。条項の基本線を変えることはできないものの，ニュアンスを軟化させたい場合に，実務では多用されます。

- Upon ABC's reasonable request,… (合理的な求めがあるときは)
- If ABC reasonably decides it necessary, ABC have the right to demand… (それが必要であると合理的に判断するときは，〜を求めることができる)
- ABC shall obtain a written consent from XYZ, which, however, shall not be unreasonably withheld. (書面による承諾を得るものとする。但し，かかる承諾は不合理に留保されてはならない。)

68

第3　国際ビジネス契約の体裁

(6)　裁量を表す（discretion）

　複数のオプションからどれかを選択することができる場合，それが選択者の裁量（discretion）に委ねられる旨を確認的に記載することがよくあります。相手方の意見は反映されないことを強調したい場合は"sole discretion"（単独の裁量）や"absolute discretion"（絶対的な裁量）とし，逆に裁量といえども合理性を担保したい場合は"reasonable discretion"（合理的な裁量）とします。

> ・ABC shall, at its sole but reasonable discretion, decide to remedy the defect either by repair, replacement, or refund…（かかる欠陥を，その単独であるが合理的な裁量を持って，補修，交換又は返金の方法により救済することを決定するものとする）

(7)　前提，条件を表す（in accordance with, subject toなど）

　約束には前提や条件が付きものですので，ここでの表現は頻出です。「法令，マニュアル，本契約などに従って」という文脈では"in accordance with / according to"や"pursuant to"が用いられます。「〜を条件とする，〜に服する」という文脈では"subject to"が用いられます。いずれも「〜に従い」などと訳されますが，前者は従うべき内容が本文との関係で自然な前提となることが多いのに対し，後者は「但し」というニュアンスで本文と相反しうる内容を条件とする場合に主に用いられます。条件を文で書きたい場合は"on the condition that"が使いやすいです（"subject to"は名詞節しか受けられないため）。「〜でない限り」という意味の"unless"もよく使います。例外を明記したい場合は，"except for / that"を使います。

> **〈前提を表す例〉**
> ・In accordance with this Agreement, ABC shall sell the products…
> （本契約に従い，商品を販売し〜）

第1編　国際ビジネス契約　総論

- Pursuant to the specification mutually agreed by the Parties, ABC shall supply the products… （当事者が相互に合意した仕様に従い，商品を供給し～）

〈条件を表す例〉

- ABC hereby grants XYZ the license to use the trademark subject to the following:… （以下に記載する条件に従い，商標を使用する許諾を与える）

- The effectiveness of this MOU shall be subject to the approval of the board of directors of… （本覚書の有効性は，～の取締役会の承認が得られることを条件とする）

- XYZ shall reimburse costs and expenses actually incurred by ABC on the condition that ABC submit receipts therefor to XYZ… （それらの領収証を提出することを条件として，実際に被った費用を払い戻す）

- Unless otherwise agreed in writing, the effective term of this LOI shall… （別途，書面で合意されない限り，本基本合意の期限は～）

〈例外を表す例〉

- Except for expressly provided herein, ABC shall have no right to… （本契約において明示的に定めるものを除き，～の権利を有しない）

(8)　逆接を表す （provided, notwithstandingなど）

　日常会話で「しかし」を表すのは"but"が多いですが，契約書では"however"が一般的です。また，"provided"との組合せで，"provided, however, that"も頻出します。"provided"は条件節を導くもので，単に"provided that"と使われる場合は「～を条件として」と訳出される場合もあります。「～にかかわらず」という場合は"notwithstanding"がよく登場します。

- ABC shall reserve the right to sell and distribute the products

70

第3　国際ビジネス契約の体裁

within the territory, <u>provided, however, that</u> ABC shall not… （テリ
トリーにおいて本商品を販売する権利を留保する。ただし，〜をしてはならない）

- <u>Notwithstanding</u> any other provision provided herein,… （本契約に定
められた他のいかなる条項にかかわらず〜）

⑼　対価関係を表す （in consideration of）

「〜の対価として」は "in consideration of" が使われます。"consideration"
は，英米法においては「約因」を意味します。

- <u>In consideration of</u> the services provided hereunder, XYZ shall pay
… （本契約において提供されるサービスの<u>対価として</u>，〜を支払う）

⑽　「みなし」を表す （deemなど）

擬制，すなわち「みなす」という効果を活用できると，リスクヘッジの幅
が拡がります。「相手方が返事をしなければ，同意したとみなす」という具
合です。これには "deem" を使います。"deem" は「考える」「判断する」
という意味ももちます。"consider"，"regard" も同様の文脈で使われます。

- If a notice of refusal is not given within 3 business days, the order
shall be <u>deemed</u> to have been accepted. （拒否の通知が3営業日以内にな
されなければ，注文は受諾されたと<u>みなす</u>）

⑾　違反を表す （breach, violateなど）

"breach" と "violate" はいずれも「違反する」と訳されますが，"breach"
は当事者間の契約や合意に違反する場合，"violate" は公的な法令や規則に
違反する場合に使われる傾向にあります。「（所定の対応を）しない」「約束を
守らない」という不作為を表す場面では，"fail"（名詞は "failure"）が便利です。
「他人の権利（知的財産権など）を侵害する」という場面では "infringe"（名詞

71

第1編　国際ビジネス契約　総論

は“infringement”）が使われます。

> ・Breach of any provision of this Agreement （本契約のいずれかの条項の
>   違反）
> ・Violation of any applicable laws or regulations （適用されるいずれかの
>   法令の違反）
> ・Failure to comply with the above procedure （上記の手続に従わないこ
>   と）
> ・Infringement of any intellectual property of a third party （第三者の知
>   的財産権の侵害）

⑿　重大性を表す（materialなど）

　「重大な・重要な」という意味の“material”は，一語で権利や義務の内
容を大きく変えます。例えば，「契約の違反をすれば解除」とあるのを，「契
約の重大な違反」に変えることで，軽微な（minor）違反では解除できないこ
ととなります。契約交渉において便利である一方，その重さゆえ，この一語
の有無を巡って熱い議論になることもあります。なお，何をもって
“material”であるのかは実質判断となり，一義的に決まらない難しさもあ
ります。そのため，わざわざ特定の条項について「本条の違反は重大な違反
とみなす」といった記載がなされることもあります。

> ・In case of any breach of this Article, ABC may forthwith terminate
>   …（本条に何らかの違反があった場合，直ちに解除できる）
>   → In case of any material breach of this Agreement, ABC may…
>   （本条に何らかの重大な違反があった場合…）
> ・XYZ warrants that it is in compliance with all applicable laws in all
>   respects.（適用される法令を全ての点において順守していることを保証する）
>   → XYZ warrants that it is in compliance with all applicable laws in

72

第3　国際ビジネス契約の体裁

> all material respects.（適用される法令を全ての<u>重要な</u>点において順守していることを保証する）

⒀　故意・過失を表す（negligence, willful misconductなど）

「過失」は"negligence"（形容詞は"negligent"），「重過失」は"gross negligence"，「故意行為」は"willful misconduct"といいます。英米法をベースとする国際ビジネス契約では，契約に違反すれば故意又は過失がなくても責任を問われる傾向にありますので，それらを要件としたければ明示することをお勧めします。また，責任制限などにおいて，故意又は重過失の場合を例外とすることもよくあります。

> • …provided, however, that the limitation of liability above shall not apply to damages caused due to <u>gross negligence or willful misconduct</u> of the indemnifying party.（ただし，上記の責任制限は，補償する当事者の<u>重過失又は故意</u>によって生じた損害については適用されない）

⒁　補償責任を表す（indemnifyなど）

損害，損失，費用などの金銭的な「補償・補填をする」という場合は"indemnify against/from/for"（名詞は"indemnity"）を使います。関連して「一切迷惑をかけない／自分が責任を負い相手を免責する」という意味の"hold harmless"という表現もよく使われ，クレームへの対応など金銭的でない責任をカバーする意味合いがありますが，単体で使用されることは珍しく，通常"indemnify"とセットで登場し，"indemnify"を強調する慣例的な表現ともいえます。

「補償する」には"compensate for"（名詞は"compensation"）もよく使います。

> • ABC shall <u>indemnify</u> and <u>hold</u> XYZ <u>harmless from and against</u> any

第1編　国際ビジネス契約　総論

> and all claims and disputes which may arise in connection with ABC's material breach of this Article… (本条の重大な違反に関連して生じうる全ての請求及び紛争について，補償し，一切迷惑をかけない)

⒂　費用負担を表す (cost, expense)

契約では，各作業の費用をどちらが負担するかを明確にすることが大切です。もちろん普通に文で記載 (例：ABC shall bear all costs and expenses for…) してもよいですが，文中に挿入する場合は "at one's cost / expense" "at the cost / expense of" が便利です。

> • ABC shall, at its sole cost, prepare promotional materials to be used in the territory… (テリトリー内で使用する販売促進素材を単独の費用負担にて準備する)

⒃　法的拘束力を表す (binding, enforceableなど)

契約や合意が「法的拘束力を有する」というときは "(legally) binding" ("bind" は「拘束する」)，「強制執行力がある」というときは "enforceable" ("enforce" は「執行する」) を使います。否定するときは "not" を付けるか，"non-binding"，"unenforceable" となります。

> • This MOU shall be legally binding and enforceable upon both Parties. (本覚書は両当事者に対し法的拘束力を有し執行可能である)

⒄　終了，取消し，無効を表す (terminate, expire, cancel, voidなど)

契約や注文などの効力を否定する表現はいろいろありますが，それぞれ使用される場面が異なります。最も使用頻度が高いのは "terminate" (名詞は "termination") で，意思表示によって解除又は解約される場合が主ですが，広く「本契約が終了した場合」という文脈でも使われます。理由がある「解

74

除」は "termination with/for cause"，理由がない「解約」は "termination without cause" です。期間満了で自動的に終了する場合は "expire"（名詞は "expiration"）です。注文など，主に未だ拘束力が生じていないものの取消しや撤回は "cancel"（名詞は "cancellation"）を使います。既に拘束力が生じている注文や契約を取り消す場合は，"terminate" のほか，"invalidate" や "rescind" を使います。原始的に無効であるという状態は "void"（動詞でも使えます）といい，強調のため慣例的に "null and void" と書かれることもあります。

- Upon any <u>termination</u> of this Agreement <u>with or without cause</u>,…（理由の有無を問わず本契約が<u>終了した</u>ときは）
- This Agreement shall automatically <u>expire</u> at the end of the designated term…（本契約は所定期間の終期をもって自動的に<u>終了し</u>）
- The order may be <u>canceled</u> without bearing any liability until it is formally accepted…（注文は，正式に受諾されるまで，何ら責任を負うことなく<u>撤回する</u>ことができる）
- Should any provision of this Agreement be unlawful under applicable laws, such provision shall be deemed <u>null and void</u>…（適用法において本契約の条項が不適法である場合，当該条項は<u>無効</u>とみなされる）

⒅ 例示を表す (including but not limited toなど)

　具体例を挿入する場合，"include / including"（～を含む）をよく使います。また，それがあくまで例示であって限定列挙ではないことを明らかにするため，"including but not limited to"，"including without limitation"（～を含み，それらに限られない）と表記することが多いです。"such as"（～など）も例示であると解釈されます。

- Force Majeure events shall <u>include, but not limited to</u>, acts of God

75

第1編　国際ビジネス契約　総論

> such as earthquake and flood, war, terrorism… (不可抗力事由には，以下を含む（ただし，これらに限られない）：地震，洪水などの天災地変，戦争，テロリズム〜)

⒆　here-とthere-＋前置詞

　英文契約には，"here-" と "there-" と前置詞を組み合わせた指示語が頻出します。対象をつかむまで難しく感じるかもしれませんが，慣れれば便利で，文をコンパクトにすることに役立ちます。組合せとなる前置詞は "-in"，"-by"，"-to"，"-under"，"-after"，"-of"，"-with" など多様です。

　"here-" に前置詞が続く場合は，「前置詞＋本契約／本合意」と同じ意味となります。なお，文言の定義においては "hereinafter referred to as…"（本契約中，以後〜という）と記載されることが慣例化していますが，それを割愛したシンプルな定義の仕方でも効果に影響はありません。

> • Provisions stipulated herein = Provisions stipulated in this agreement（本契約において規定される条項）
> • Performance of its obligations hereunder = Performance of its obligations under this agreement（本契約における義務の履行）

　"there-" に前置詞が続く場合は，「前置詞＋それ以前に登場している語，句又は節」となります。参照対象の選択肢が広いですが，通常，直前に登場したものを指します。

> • If XYZ fails to respond to ABC's written request for consent within 3 business days after XYZ's receipt thereof, XYZ's consent thereto shall be deemed to have been given.
> = If XYZ fails to respond to ABC's written request for consent within 3 business days after XYZ's receipt of the request, XYZ's

76

> consent to the request shall be deemed to have been given.（同意を
> 求める書面による要請がなされた場合，その要請を受領してから3営業日以内に
> 回答をしないときは，その要請に対し同意したものとみなす）

⒇ ラテン語由来の表現

英語にはラテン語由来の単語が数多く取り込まれており，契約書では以下
のような表現をよく見かけます。なお，"memorandum"もラテン語由来で
す。

> • bona fide（誠実な = good faith）
>
> • in lieu of（〜の代わりに = in place of）
>
> • per annum（1年につき = per year）
>
> • pro rata（割合に応じて）
>
> • vice versa（逆もまた同じ）

第 **2** 編

契約類型別　各論

第1　秘密保持契約

第2　売買契約・供給契約

第3　販売店契約

第4　代理店契約

第5　生産委託契約

第6　一般条項

第1 秘密保持契約

① 概要

　秘密保持契約（Non-disclosure Agreement/NDA又はConfidentiality Agreement/CA）は，様々な取引を行う前段階において，互いに，あるいは当事者の一方が相手方に対して，企業秘密などの情報を提供する際に，その開示や用途を制限するために締結されるものです。取引が始まる前には，通常，当事者間には何ら契約関係がありませんので，相手方に提供した秘密情報を守るためには，秘密保持契約をもって相手方に義務を負わせる以外にほとんど手段がありません（日本でいう不正競争防止法等による保護が図れる場合もありますが，極めて限定されます）。

　特に，自社が相手方に対して秘密情報を提供する場合は，事前の秘密保持契約は必須です。情報提供が先行してしまい，慌てて秘密保持契約を締結しようとするケースも見受けられますが，そこで相手方に締結を拒否されては困りますので，情報提供に先立って締結することが肝要です。

　さらに，国際取引では，一旦，海外で情報が流出してしまうと，国内以上にその収束は困難となりますので，その重要性が高まります。

　加えて，秘密情報が特許などによる権利化の対象となりうるときは，特許申請における新規性（世界中のどこにおいても公知とされていないこと）の要件を失わないために，第三者への開示に際しては秘密保持契約を交わすことが必須となります。

　なお，目的とする取引について本契約が締結される場合は，その中で秘密保持義務が定められることが通常であるため，先立つ秘密保持契約を解消することもありますが，秘密保持契約の効力を引き続き併存させたり，本契約

81

第2編　契約類型別　各論

の中に取り込むことも可能です。

Point

秘密保持契約では，自社の立場が，主に，情報の提供側であるか，あるいは情報の受領側であるかによって，全体の構成や権利義務の強弱が異なってくる。

　秘密保持契約には，当事者の双方が互いに秘密保持義務を負う場合（双務契約）と，当事者の一方のみが秘密保持義務を負う場合（片務契約）があります。双務契約では，自らも義務を負うため内容をあまり厳しくしすぎない傾向があるのに対し，片務契約では内容が一方的に厳しくなる傾向があります。また，秘密保持義務の内容については，対象となる秘密情報の範囲，開示の範囲，用途の制限，違反した場合の効果などに関し，強弱のバリエーションがあります。

　自社が主に情報の提供側である場合は，相手方に義務を負わせる片務契約をまず検討し，相手方が双務契約を希望した場合は応じるかどうかを検討するという流れが望ましいです。また，いずれの場合も，秘密保持義務を，できるだけ広く，また厳しく課していく方向で検討します。

　他方，自社が主に情報の受領側である場合は，できるだけ片務契約を避けて双務契約とし，また過度の義務を負わないように注意が必要です。

② 条項例

(1) 目　的

Point

秘密保持義務の対象となる取引やビジネスを明確に。

　ここでは，❶目的とする取引やプロジェクトを明確に定義することが重要です。それにより秘密情報や義務の範囲が定まってくるからです。同様の条項を前文に織り込むこともあります。このあたりで「開示当事者」と「受領当事者」を定義付けておくと便利です。

82

第1 秘密保持契約

Purpose

The purpose of this Agreement is to set forth the confidentiality obligations regarding the information which one Party（"Disclosing Party"）will disclose to the other Party（"Receiving Party"）❶in relation to ［the potential transaction between the Parties］（"Project"）.

〈和訳〉

目的

本契約は，一方の当事者（「開示当事者」という）が他方の当事者（「受領当事者」という）に対して，❶【当事者間の潜在的な取引】（「本プロジェクト」という）に関して開示する情報につき，秘密保持義務を定めることを目的とする。

Point

双務契約⇔片務契約は，簡単な修正で可能。

　上記は双務契約を前提としていますが，ここで❶具体的な当事者名（仮にA社，B社）を開示当事者，受領当事者とそれぞれ特定してしまうことで，契約全体を片務契約へと変更することができます。逆に，片務契約として提示されたドラフトを双務契約へ変更したい場合は，上記条項例のように，開示当事者と受領当事者を具体的な当事者名と切り離して定義し，本文中の当事者名を開示当事者，受領当事者と置き換えることで対応できます。

The purpose of this Agreement is to set forth the confidentiality obligations regarding the information which ❶A Corp（"Disclosing Party"）will disclose to B Corp（"Receiving Party"）in relation to ［the potential transaction between the Parties］（"Project"）.

83

第2編　契約類型別　各論

〈和訳〉

本契約は，**❶** A社（「開示当事者」という）がB社（「受領当事者」という）に対して，【当事者間の潜在的な取引】（「本プロジェクト」という）に関して開示する情報につき，秘密保持義務を定めることを目的とする。

(2)　秘密情報の定義

Point

　自社が主に情報の提供側である場合は，秘密情報の定義に漏れがないよう，できるだけ広範かつ具体的に。自社が主に情報の受領側である場合は，必要以上に秘密情報が広範にならないよう，また何が秘密情報であるかが曖昧にならないよう，できるだけ限定し，かつ明確に。

　定義条項というのは一般に軽視しがちですが，秘密情報のそれは肝といえるくらい重要です。自社が主に情報の開示側，受領側のいずれであるかにより，かなり記載が変わり，それによってカバーされる情報の範囲が大きく異なってくるからです。いざ，情報の漏えいなどが生じた場合，その情報が秘密情報の定義から漏れてしまっていたり，秘密情報に含まれるか否かについて相手方と意見が異なってしまう事態は避けなければなりません。

　自社が主に情報の提供側である場合は，できるだけ広く網をかけつつ，特に重要と考える情報などは具体的に例示することが望まれます。およそ「全ての情報」という形で記載し，条件や具体例を設けない例も見られますが，実際は全ての情報が秘密として取り扱われるわけではないため，結果として相手方と認識や意見の相違が生じることがあります。そのため，**❶** 具体的に懸念される情報がある場合などは，それを例示することをお勧めします。

　他方，自社が主に情報の受領側である場合は，何でもかんでも秘密情報となってしまいそうな条項は避けるべきです。そして，開示された情報のうち，**❷** どれが秘密であるのかがはっきりとわかるように，「秘密」としての明示を求めたり，**❸** 口頭による開示の場合は追って秘密である旨を通知することを条

84

第1　秘密保持契約

件とするといった工夫が求められます。

Confidential Information

In this Agreement, "Confidential Information" shall mean all the information relating to the Disclosing Party's business（including, without limitation, **❶**［existence and contents of the Project, lists of customers, and ideas, knowhow, and other intellectual property］ **❷**）which is designated as "Confidential" and disclosed by the Disclosing Party to the Receiving Party or which comes to Receiving Party's knowledge, whether orally, in writing, or by electronic means, in the course of the Project. **❸** When such information is disclosed orally, the Disclosing Party shall notify the Receiving Party in writing of the confidentiality thereof within ［seven］ days after the disclosure.

〈和訳〉

秘密情報

本契約において秘密情報とは，文書，口頭及び電子データ等その形態を問わず，本プロジェクトの過程において，開示当事者から受領当事者に対し **❷**「秘密」と指定の上，開示され又は受領当事者が知りえた，開示当事者の事業に関連する全ての情報（ **❶**【本プロジェクトの存在及び内容，顧客リスト，アイデア，ノウハウその他の知的財産権】を含み，これらに限られない）を意味する。 **❸** かかる情報が口頭で開示された場合は，開示当事者は受領当事者に対し，開示から【7】日以内に，書面をもって，かかる情報の秘密性について通知しなければならない。

Point

秘密情報から除外されるべき場合の記載は，情報の受領側としては必須。

第2編　契約類型別　各論

　一般に，公知となった情報や受領者が独自に開発した情報などは秘密情報から除外されることが多いところ，自社が主に情報の開示側である場合は，それらの記載を割愛しても問題となることは少ないといえますが，自社が主に情報の受領側である場合は，以下のようにそれらを明示的に記載しておくことをお勧めします。

（上記条項例に続いて）

Notwithstanding the foregoing, the Confidential Information shall not include information which falls under one of the following:

(1) Information which the Disclosing Party expressly excludes in writing from the Confidential Information;

(2) Information which is already possessed by the Receiving Party before the execution hereof without obtaining the same directly or indirectly from the Disclosing Party;

(3) Information which is already in the public domain before the execution hereof, or information which becomes available to the public through no fault of the Receiving Party after the execution hereof;

(4) Information which the Receiving Party has legitimately and legally obtained from a third party who has the right to disclose the same, without breaching its confidentiality obligations to the Disclosing Party and without using or referring to the Confidential Information; or

(5) Information which is independently invented and developed by the Receiving Party through the activities of its employees or officers.

〈和訳〉

上記にかかわらず，以下の各号のいずれかに該当する情報は秘密情報に含まれない。

86

第1　秘密保持契約

(1)　開示当事者が書面により明示的に秘密情報から除外する情報

(2)　本契約締結前において，受領当事者が，開示当事者から直接又は間接に取得することなく既に保有していた情報

(3)　本契約締結前に既に公知となっている情報，又は締結後に受領当事者の責によらずに公知となった情報

(4)　開示当事者に対する秘密保持義務に抵触することなく，また秘密情報を利用，参照等することなく，開示する権利を有する第三者から正当かつ合法的に入手した情報

(5)　受領当事者が，その従業員又は役員の活動により独自に開発及び発展させた情報

(3)　秘密保持義務

Point

　開示できる第三者の範囲に注目。自社が主に情報の提供側である場合は，できるだけ限定。自社が主に情報の受領側である場合は，自社の活動に支障がないように。

　契約の主体は法人や事業主ですので，その役員や従業員，関連会社も形式的には第三者となります。そのような第三者への開示まで禁止されては事業に支障が生じますので，一定の範囲で除外することが一般的です。

　自社が主に情報の受領側である場合は，関連会社や協力会社などへの開示が想定されるならば，この時点で織り込んでいくことをお勧めします。

　他方，自社が主に情報の提供側である場合，この開示できる第三者を広く認め過ぎてしまう（例えば，漠然としたビジネスパートナーを「第三者」に含めてしまう）と，契約全体が骨抜きになってしまうので要注意です。下記条項例では，オプションとして❶affiliated company（関連会社）を入れていますが，場合によってはその範囲を定義したり，又は具体的な会社名を記載して限定することも検討する必要があります。

87

第2編　契約類型別　各論

また，自社が主に情報の開示側である場合は，^❷第三者の行為も受領当事者 の責任となることを明示することをお勧めします。

Confidentiality Obligation

1. The Receiving Party shall maintain and control the Confidential Information strictly confidentially with the due care of a good manager, and shall not disclose or divulge any of the Confidential Information to any third party other than lawyers, certified accountants, or other equivalent professionals retained by the Receiving Party, or officers or employees of the Receiving Party ^❶[or its affiliated company] who are duly authorized and need access to the Confidential Information to perform its rights or obligations regarding the Project.

2. If the Receiving Party discloses the Confidential Information to a third party in accordance with this Agreement, the Receiving Party shall cause such third party to agree to be bound by confidentiality obligations at least as restrictive as those undertaken by the Receiving Party hereunder. ^❷When the Receiving Party discloses the Confidential Information to any third party for whatever reason, it shall be responsible to the Disclosing Party for any conduct of such third party.

3. If the Receiving Party is required to disclose the Confidential Information by law or regulation, decision or order of a court, order or instruction of an administrative agency, or any act of public authority, the Receiving Party shall immediately notify the Disclosing Party to that effect.

〈和訳〉

秘密保持義務

1．受領当事者は，秘密情報を，善良なる管理者の注意をもって厳重に

88

第1 秘密保持契約

機密として取り扱うものとし，本プロジェクトに基づく権利又は義務の遂行のために秘密情報へのアクセスを必要とする，正当な権限を有する受領当事者❶【又はその関連会社】の役員又は従業員を除き，いかなる第三者（受領当事者に雇用された弁護士，会計士，その他同等の専門家を除く）に対しても，秘密情報を開示，又は漏えいしてはならない。

2．受領当事者は，本契約に基づき第三者に対し秘密情報を開示するときは，当該第三者をして，本契約において受領当事者が負担する義務と同等以上の秘密保持義務を約束させるものとする。❷受領当事者が，いかなる理由であれ秘密情報を何らかの第三者に開示した場合，受領当事者は当該第三者の全ての行為について開示当事者に対し責任を負う。

3．受領当事者は，法令，裁判所の決定又は命令，行政当局の命令又は指示，その他公権力の行使により，秘密情報の開示を要求される場合には，開示当事者に対し，直ちにその旨を通知しなければならない。

(4) 用途の制限

Point

秘密情報の用途制限は重要であるが，抜けがち。

　情報のやりとりは，特定のプロジェクトを目的としてなされることも多いところ，そのような場合，情報の提供側としては，提供した情報を当該目的のみに使用し，それ以外の用途（例えば，相手方独自の今後の商品開発）には使用してほしくないと考えるはずです。その場合は，前項で紹介した秘密保持義務だけでは，秘密情報を外部に漏らさないことしか約束してもらっていませんので，別途，秘密情報の用途を制限する条項が必要となります。この条項は意外に抜けがちです。

第2編　契約類型別　各論

Use of the Confidential Information

The Receiving Party shall not use the Confidential Information for any other purpose than the Project without the prior written consent of the Disclosing Party.

〈和訳〉

秘密情報の使用

受領当事者は，開示当事者の事前の書面による承諾がある場合を除き，本プロジェクト以外のいかなる目的にも秘密情報を使用してはならない。

---

(5)　知的財産

Point

情報の提供側としては，関連する知的財産の帰属を念のため明確化。

秘密保持契約は，何らかの事業の前提として締結されることが多いところ，その段階では各情報に関する権利は引き続き提供者に帰属していることが通常です。しかし，受け取った情報は自分のものであると考え，知的財産権の登録などをしてしまう相手方がいないとも限りません。そこで，情報の提供側としては，以下のような確認規定を設けることをお勧めします。

なお，もし，この段階で，知的財債権の一部が相手方に帰属したり，共有となりうることが想定される場合は，共同開発としての色彩を帯びてきますので，秘密保持契約よりも一歩進んだ共同開発契約（Joint Development Agreement）などの締結を検討する必要があります。

Intellectual Property

The Receiving Party acknowledges and confirms that all intellectual property rights relating to the Confidential Information, including any development or modification thereof, shall belong solely to the Disclosing

第1　秘密保持契約

Party. The Receiving Party shall not apply for registration and/or register any of such intellectual property, whether directly or indirectly.

〈和訳〉

知的財産権

受領当事者は，秘密情報（その発展版又は修正版を含む）に関連する一切の知的財産権は，開示当事者のみに帰属することを確認する。受領当事者は，かかる知的財産権について，直接又は間接を問わず，出願又は登録を行ってはならない。

(6)　義務の不存在

Point

　開示を控えたい情報がある場合は，開示義務がないことを念のため記載。

　共同開発などを念頭に置き，相互に情報を開示することを前提として秘密保持契約を締結する場合，時に，秘密保持契約を交わしたのだから重要な情報（例えばノウハウ）を提供せよと求められる場合があります。秘密保持契約は，通常は，あくまで開示した情報についての機密性について規定するものであって，情報の開示自体を強制するものではないのですが，そのような期待をもつ当事者がいることもあります。しかし，自社の知的財産を守るためには，ビジネスパートナーといえども，開示する情報の範囲をコントロールし，ノウハウなど本当に重要な情報はブラックボックス化しておくことが肝要となります。そこで，自社側に開示を控えたい情報がある場合は，以下のような条項を確認的に定めておくことをお勧めします。

No Obligation

Neither Party shall be obligated to disclose any information to the other

91

第2編　契約類型別　各論

Party by executing this Agreement.

〈和訳〉

義務の不存在

いずれの当事者も，本契約の締結によって，いかなる情報の開示も義務
付けられるものではない。

(7)　契約期間

Point

　義務の存続期間は，情報の開示側である場合はできるだけ長く，情報
の受領側である場合はできるだけ短く。

　自社が主に情報の開示側である場合は，まだ秘密にしておきたいのに契約
が終了してしまうことのないよう，契約期間を長めに設定することが望まし
いです。他方，自社が主に情報の受領側である場合は，必要以上に秘密保持
義務を負い続けないよう，契約期間は必要最小限としたいです。

　契約期間の一般的な条項例は，一般条項の節をご参照ください。

　また，秘密保持契約は，特定のプロジェクトを念頭に置き，それが継続す
る限り存続するとともに，その終了後も一定期間存続すると定めることが合
理的である場合も多いといえます。あるいは，秘密保持義務は，対象となる
秘密情報が開示されてからそれぞれ所定年数につき存続すると定める方法も
あります。

　以下はこれらの一例です。

Effective Term

This Agreement shall be effective for the minimum period of［one］year
from the date of execution and shall thereafter continue to be effective until
［two］years after the date when one Party notifies the other Party in writing

第1　秘密保持契約

of the completion or termination of the Project.

〈和訳〉

有効期間

本契約は，締結日から最低【1】年間，有効とし，その後は，一方の当
事者が他方の当事者に対し，本プロジェクトの完了又は終了を書面にて
通知した日から【2】年後まで有効に存続する。

❷
The Receiving Party's obligations hereunder regarding the Confidential
Information shall continue for ［three］ years from the date when the
respective Confidential Information is disclosed to or acknowledged by the
Receiving Party.

〈和訳〉
❷
秘密情報に関する受領当事者の本契約における義務は，当該秘密情報が，
受領当事者に対して開示されたか又は受領当事者に覚知された日から
【3】年間，存続するものとする。

(8)　契約終了後の措置

Point

　情報の提供側としては，情報の削除や廃棄まで確認。

　秘密保持契約が終了した場合，そのままでは提供した情報は相手方の手の
中に残り，それらの情報に対しては既に秘密保持義務が及ばないわけですか
ら，情報の提供側としては，それらの情報は全て返却してもらうか，返却が
難しい場合（デジタルデータなど）は削除や廃棄をしてもらう必要があります。
また，相手方が全て情報を処分したかどうかを実際に確認することは物理的
に不可能といえますので，代わりに処分したことの証明書を提出してもらう

93

第2編　契約類型別　各論

ことが考えられます。

Upon the termination of this Agreement for any reason, or upon request of the Disclosing party, the Receiving Party shall promptly return, delete, or dispose of all the Confidential Information and all duplicates thereof as instructed by the Disclosing Party and shall submit a report to the Disclosing Party to certify its compliance with the Disclosing Party's instructions.

〈和訳〉

いかなる理由であれ本契約が終了した場合，又は開示当事者の求めがある場合，受領当事者は，速やかに秘密情報及びそれらの複製物の全てを，開示当事者の指示に従い，返還，廃棄又は消去するとともに，開示当事者の指示に従ったことを証する報告書を開示当事者に対し提出するものとする。

---

(9)　違反の効果

Point

　情報の提供側はできるだけ違反への抑止力を高め，情報の受領側はできるだけ責任を軽減する。

　秘密保持契約が締結されていても，秘密情報は一旦漏えいしてしまうと，それを物理的に阻止することが難しく，また損害の算定も困難となります。そこで，情報の提供側としては，契約違反があった場合に相手方に損害を軽減する措置を講じてもらうよう義務付けるとともに，❶通常の損害賠償とは別に賠償額の予定（liquidated damages）を定めることが考えられます（なお，"penalty"（罰則金）とすると，英米法では無効となる可能性があります）。他方，情報の受領側としては，対応策を努力義務とした上で合理的な範囲にとどめる

94

第1　秘密保持契約

（…it shall do its best effort to take reasonable measures…）などし，また違約金の
ような負担は負わないよう留意が必要です。

Effect of Breach

If the Receiving Party breaches any of its obligations hereunder, it shall
take all appropriate measures to mitigate damages to the Disclosing Party,
and pay to the Disclosing Party ［　］ yen per occurrence as liquidated
damages in addition to the general indemnification.

〈和訳〉

違反の効果

受領当事者は，本契約に定める義務に違反した場合，開示当事者への損
害を低減するための全ての適切な措置を講じるとともに，通常の損害賠
償とは別に，１件につき賠償額の予定として【　】円を支払うものとす
る。

95

第2 売買契約・供給契約

① 概 要

　商品を販売し，対価を得る売買契約（Sales and Purchase Agreement）は，貿易取引の基本形です。単発の売買のみを対象に作成される場合と，継続的な売買がなされることを前提に，その共通事項や中長期的な当事者の関係を定める場合があり，後者については売買基本契約（Basic Sales and Purchase Agreement）や供給契約（Supply Agreement）と呼ばれることが多いです。そのように基本契約の形式で作成する場合，個別の取引についての詳細は，別途，個別契約（Individual Agreement）で定めることになります。個別契約は，書式をあらかじめ定めて都度締結する場合もありますが，実務上は注文書（Order）とその承諾（Acceptance）をもって締結する場合が多いといえます。

　国境を越える売買では，国内取引に比べ，商品の輸送にかかる時間，コスト，またリスクが高いこと，それに伴う保険が重要であること，代金回収のリスクやコストが高いこと，通貨が異なること等の特徴があるため，立場に応じてそれらを考慮した条項を設けることが肝要です。

Point

> 売主は代金の確実な回収を，買主は商品の確実な納品を，それぞれ確保するためのできる限りの配慮を。

　国際的な売買においては，売主は代金，買主は商品を得るという基本的な目的を達成するにあたり，法律的，政治的，地理的な障害があります。商品を送ったのに代金が支払われない場合，あるいは代金を支払ったのに商品が納品されなかったり遅延した場合，国内でも法的措置をもって代金支払請求や損害賠償等を求めることは大変ですが，取引先が外国となりますと，その

97

第2編　契約類型別　各論

手間，コスト，そして解決可能性のハードルが格段に上がります（第1編第2「国際取引の特徴と心構え」をご参照ください）。

したがって，そのようなトラブルがそもそも生じないように，取引条件そのものをできるだけ有利に構築することを試みるべきです。もちろん，取引相手との交渉次第ですが，売主としては前払，買主としては商品の検収後の支払とすることが理想です。

② 条項例

以下では，売買を継続的に行うことを念頭に置いた売買基本契約又は供給契約の条項例をご紹介します。

⑴　目　的

まず，本契約が売買を目的としていることと，個別契約との適用関係について記載します。

Purpose and Application to Individual Agreement

1. Seller agrees to sell the products specified in Exhibit A（the "Products"）and Buyer agrees to purchase the Products in accordance with the terms and conditions as set forth in this Agreement and each Individual Agreement.

2. The terms and conditions as set forth in this Agreement shall apply to all Individual Agreements for the Products. In the event of any difference or contradiction between this Agreement and an Individual Agreement, the Individual Agreement shall prevail.

〈和訳〉

目的と個別契約への適用

1．本契約及び各個別売買契約の定める条件に従って，売主は買主に対

98

第2　売買契約・供給契約

し別紙Aに記載する商品（以下「本商品」という）を販売することに，買主は売主から本商品を購入することに合意する。

2．本契約の条項は，本商品に関する売主・買主間の全ての個別契約に適用されるものとする。本契約と個別契約の間に何らかの違いや矛盾がある場合には，個別契約の内容が優先する。

(2)　注文と承諾のプロセス

Point

受発注のプロセスを明確に。

ここでは注文書と承諾書のやりとりにて個別契約が成立する条項を紹介します。

ここで売主としては，注文書に内容の不備が生じたり，余計な記載がなされることを防ぐため，❶注文書は売主が指定するか承認したフォームを利用することを条件とすることが考えられます。

また，売主において，生産や輸送のためのリードタイムを必要とする場合は，❷注文書の発行を納品日の一定期間前までと指定することが有益です。

Individual Agreement

1. Names of the Products, quantities, unit prices, delivery sites, delivery conditions and any other matters necessary to perform the transaction shall be specified in Individual Agreements.

2. Buyer shall issue to Seller a purchase order, ❶the form of which shall be designated or approved by Seller ❷no less than ［　］days prior to the delivery date, and Seller shall notify Buyer in writing whether or not it accepts the purchase order promptly after receipt thereof. An Individual Agreement shall be established upon Buyer's receipt of the Seller's acceptance of the purchase order.

99

第2編　契約類型別　各論

3. Even after the termination of this Agreement for any reason, any Individual Agreement which is effectuated prior to such termination shall remain effective unless such Individual Agreement is terminated or canceled in accordance with this Agreement.

〈和訳〉

個別契約

1．本商品の品名，数量，単価，納期，納入場所，引渡し条件，その他個々の取引に必要な事項は，個別契約をもって定める。

2．買主は売主に対し，納品日の【　】日以上前までに，売主が指定し又は認めるフォームによる注文書を発行し，売主は，買主の注文書を受領後速やかにその諾否を買主に書面で通知する。買主が売主の注文受諾を受領した時点で個別契約が成立する。

3．本契約が何らかの理由により終了した場合であっても，それ以前に成立した個別契約については，当該個別契約が本契約に基づき解除又は解約されない限り有効に存続するものとする。

Point

　みなし承諾は，個別契約の頻度が高い場合，特に買主にとって有用。ただし，売主は要注意。

　注文が頻繁になされる場合，承諾の通知が失念されてしまうことが考えられ，そうすると買主としてはいつまでも承諾の確認ができず不安定な状況となります。そこで，注文後，一定期間が経過しても承諾を拒否する通知がない場合は，その期間の経過をもって承諾したものとみなすと定めることが考えられます。もっとも，売主としては，認識から漏れていた注文を承諾したとみなされる危険がありますので，受入れは慎重に判断するべきです。

100

第2　売買契約・供給契約

Notwithstanding the foregoing, if Buyer does not receive any written notice from Seller of its refusal of the purchase order within ［　］ days after the issuance date thereof, the purchase order shall be deemed to be accepted by Seller.

〈和訳〉

上記にかかわらず，買主が，注文書の発行日から【　】日以内に，売主より注文書を拒絶する旨の書面による通知を受領しない場合は，当該注文書は売主により承諾されたものとみなす。

Point

　最小ロットは，商品単価が小さい場合は要検討。ただし，買主は要注意。

　国際取引では輸送のコストが高いため，商品の単価が比較的小さい場合は，1回の注文個数が少ないと割高で非効率となります。そのような場合，通常は売主の立場から，1回の注文における最小ロットを設けることが考えられます。しかし，他方で，買主としては，余計な在庫を抱える可能性がありますので注意が必要です。

Unless otherwise agreed in writing, the minimum lot in each purchase order shall be ［　］.

〈和訳〉

各注文の最低ロットは，別段の書面による合意なき限り，【　】とする。

101

第2編　契約類型別　各論

(3) フォーキャスト

Point

　フォーキャストは，法的拘束力の有無を要確認。

　継続的な売買，特に売主において商品の生産に時間を要する場合は，買主から売主に対し，近い将来の発注予定（forecast／フォーキャスト）を提出することがあります。これにより，売主は生産計画を立てることができ，買主は安定した供給を期待することができます。

　ところが，フォーキャストのとおりに発注が行われない場合があり，問題になります。特に，実際にはフォーキャストを下回る発注しかなされない場合，売主としては，納品に備えて既に仕入れ又は生産をしてしまった分が，在庫として負担になってしまうおそれがあります。他方，買主としては，そのような場合に，フォーキャストに従った余計な分量の買取りを求められることは避けたいところです。

　そこで，可能な限り，フォーキャストの法的拘束力を明記することが，紛争の予防に役立ちます。フォーキャストは，その性質上，何も記載していなければ法的拘束力はないことが原則と考えられますが，例えば，事実上，フォーキャストに従った納品が行われており，格別に受発注書の取り交わしがなされていない場合などは，フォーキャストに何らかの法的拘束力が認められることもありえます。

　買主としては，明確に，❶フォーキャストには法的拘束力がない旨を記載することが望ましいです。

　他方，売主としては，少なくとも，フォーキャストに法的拘束力がない旨の記載は避け，実務に即するようであれば，❷近い将来のフォーキャストについては注文と同じ効果がある旨を記載することを目指します。

　もし，この点に関して当事者の主張が相容れない場合のひとつの折衷案としては，❸フォーキャストには法的拘束力はないものとしつつ，当事者は，合理的な理由がない限りそこから逸脱しない旨を記載することが考えられます。

102

第2　売買契約・供給契約

Buyer shall provide Seller with Buyer's rolling forecast of Products by the end of each month for the subsequent ［ ］ months.

〈和訳〉

買主は，売主に対して，毎月末日までに，翌【 】か月分のローリングフォーキャストを提供しなければならない。

買主

❶
For the avoidance of doubt, the forecast shall have no legally binding effect in any manner.

〈和訳〉
❶
誤解を避けるため，かかるフォーキャストは，いかなる意味においても何ら法的拘束力を有しないものとする。

売主

❷
The provision of the rolling forecast for the ［first］ nearest month shall be deemed as Buyer's firm order and Seller's confirmation thereof shall constitute Seller's acceptance, thereby establishing the Individual Agreement for the Products.

〈和訳〉
❷
ローリングフォーキャストのうち，最も近い【ひと月】のフォーキャストの提供は，買主の確定的な注文とみなされ，売主がそれを確認することで売主の承諾を構成し，それにより本商品に関する個別契約が成立するものとする。

103

第2編　契約類型別　各論

折衷

❸
The forecast shall not be legally binding, provided, however, the Parties shall not deviate from the forecast upon their order or acceptance unless there is reasonable cause to do so.

〈和訳〉

❸
フォーキャストは法的拘束力を有しないものとする。ただし，当事者は，合理的な理由がない限り，注文又は承諾に際し，フォーキャストから逸脱してはならない。

---

(4)　引渡し

Point

　買主は納期の順守を強調。売主は遅延の可能性に備える。

　買主としては，商品を約束の期日までに引き渡してもらうことが最も重要です。そのため，納期が曖昧になることを避けるとともに，❶期限が契約の重要な要素である旨を記載すること（「タイム・オブ・エッセンス条項」といいます）をお勧めします。この条項の存在により，売主が納期を順守しない場合の責任追及がしやすくなることがあります。

　他方，売主としては，生産や輸送の遅れなどにより，納期に遅れてしまう可能性があるため，それにより責任追及されることを避けたいところです。そのため，可能であれば，❷納期の順守を努力義務とすることが考えられます。また，出荷日が曖昧となって紛争となることを避けるため，❸船荷証券（Bill of Lading = B/L）の日付をもって出荷日とする旨を定めることをお勧めします。さらに，買主による支払を確保するため，❹買主に支払の遅れがある場合は，商品の発送を留保できる旨を記載できるとよいです。

　折衷的な条項としては，納期を守る原則を書いた上で，❺売主に対し，遅れそうな場合の通知を義務付け，対策について協議する義務を課すことなどが

104

第2　売買契約・供給契約

考えられます。

買主

Delivery

Seller shall deliver the Products to Buyer in accordance with this Agreement and any relevant Individual Agreements. ❶ Time is of the essence in the performance of this Agreement.

〈和訳〉

引渡し

売主は，本契約及び関連する個別契約に従い，本商品を買主に引き渡す。❶本契約の履行の上で，期限は重要な要素である。

売主①

Seller shall ❷ make its best efforts to deliver the Products to Buyer in accordance with this Agreement and any relevant Individual Agreements. ❹ In the event that Buyer fails to make any payment which is due hereunder, Seller shall be entitled to withhold the delivery of the Products until the payment is made in full.

〈和訳〉

売主は，本契約及び関連する個別契約に従い，本商品を買主に引き渡すよう ❷最大限の努力をする。❹買主が，本契約に基づく何らかの支払を怠っている場合は，売主は，かかる支払が完全になされるまで，本商品の引渡しを留保する権利を有する。

105

第2編　契約類型別　各論

売主

❸
The date of a bill of lading shall be deemed as the conclusive date of shipment.

〈和訳〉

❸
B/L（船荷証券）の日付をもって，最終的な出荷日とみなす。

折衷

Seller shall deliver the Products to Buyer in accordance with this
❺
Agreement and relevant Individual Agreements. If Seller recognizes any
possibility of delay in delivery, it shall promptly notify Buyer to that effect
and discuss in good faith with Buyer the appropriate measures to be taken.

〈和訳〉

売主は，本契約及び関連する個別契約に従い，本商品を買主に引き渡す。
❺
売主が，引渡しが遅れる何らかの可能性を認識した場合は，買主に対し
その旨を速やかに通知するとともに，買主とともに適切な対応策につい
て誠実に協議する。

---

(5)　貿易条件

　物品の国際売買では，売主から買主への商品の引渡し場所，輸送と保険の
手配と費用の負担，及び危険の移転時期を定めるため，インコタームズに基
づく貿易条件（trade terms）を契約に取り込んで用いることが慣例化してい
ます（第1編第2・6参照）。もっとも，インコタームズによらず，条件を個別
に定めても問題ありません。

　インコタームズにて貿易条件を定める場合は，アルファベット3文字に続

第2　売買契約・供給契約

けて，指定場所，仕向地などを付記します。また，インコタームズは改訂を重ねており，バージョンによって内容が異なりますので，どのインコタームズに従うかを明示する必要があります。例えば，インコタームズ2010に基づく「FOB Tokyo」であれば，東京の本船に貨物が積み込まれた時点で費用負担とリスクが買主に移転することを意味します。

　貿易条件は，商品の価格にどこまでの費用が含まれるか，という問題でもあるため，価格の条項にて併せて定められる場合，又は個別契約で定められる場合も多いです。

　なお，インコタームズでは，所有権の移転時期については定まりませんので，別途，記載する必要があります。

Trade Terms

The trade terms under this Agreement shall be CIF Yokohama Port, Japan, in accordance with the Incoterms 2010.

〈和訳〉

貿易条件

本契約における貿易条件は，インコタームズ2010に基づく，CIF横浜港（日本）渡しとする。

---

(6)　検　査

Point

　いずれの立場からも，検査プロセスを明確にすることが肝要。買主は，検査に十分な期間を確保。売主は，一定期間経過後のみなし合格を検討。

　まず，いずれの立場からも，商品の検査プロセスを，どのような基準に基づき，どのタイミングでいつまでに行うかを明確にしておくことが，納品に関するトラブル防止に役立ちます。特に，検査の合格が代金支払の前提条件

107

第2編　契約類型別　各論

になっている場合は，検査プロセスの不明瞭さは支払トラブルに結び付きます。

　売主としては，❶納品後，所定期間を経過しても特段の問題が指摘されない場合は合格とみなす旨の規定を入れることをお勧めします。また，❷買主が不合格であるという場合は，その根拠を具体的に説明させることも有用です。他方，買主としては，そのようなみなし規定については慎重になるとともに，検査の期間は余裕をもって定めましょう。なお，検査プロセスは，別紙や個別契約にて定めることも可能です。

Inspection

Within ［　］ days after receiving the Products, Buyer shall inspect the Products, determine whether to accept or reject the Products, in whole or in part, and notify Seller in writing of the result.

〈和訳〉

検査

買主は，本商品の受領後【　】日以内に，速やかに受入れ検査を行い，その全体又は一部を受け入れるか拒否するかを判断し，売主に対し，その結果を書面にて通知しなければならない。

売主

❷
In the event that Buyer rejects any of the Products, Buyer shall provide Seller with concrete explanations and objective evidence to show the reason for the rejection.

❶
If Seller does not receive any notice from Buyer within the above period, the Products shall be deemed to have passed the inspection and been accepted by Buyer.

第2　売買契約・供給契約

〈和訳〉

❷買主は，本商品を拒絶するときは，売主に対し，具体的な説明と，拒絶の理由を示す客観的な証拠を提出するものとする。

❶売主が，上記の期日内に，買主から何らの通知も受領しないときは，本商品は検査に合格し，買主によって受け入れられたものとみなす。

(7)　不合格品

Point

> 不合格品の対応方法について，できるだけ自らに裁量を。

　検査に不合格となった商品は，修理，交換，又は返金により対応されることが想定されますが，そのいずれを選択するか，またいつまでに対応するかについては，規定が曖昧になりがちです。❶売主としては自らの裁量で決定したいところですが，❷買主としては自らの指示に基づいて対応してほしいところです。

Rejected Products

If the Products are rejected in accordance with the preceding article, Seller shall repair, replace, or refund for the Products within a period agreed to by the Parties.

〈和訳〉

不合格品

本商品が前条に従って不合格となった場合，売主は，両当事者が合意する期間内に，本商品の修理，交換，又は返金を行うものとする。

109

第2編　契約類型別　各論

売主

If the Products are rejected in accordance with the preceding article, Seller shall at its reasonable discretion repair, replace, or refund the Products within a reasonable period.❶

〈和訳〉

本商品が前条に従って不合格となった場合，売主は，❶合理的な期間内に，売主の合理的な裁量に従い，本商品の修理，交換，又は返金を行うものとする。

買主

If the Products are rejected in accordance with the preceding article, Seller shall repair, replace, or refund the Products ❷in accordance with Buyer's reasonable instruction within a period reasonably designated by Buyer.

〈和訳〉

本商品が前条に従って不合格となった場合，売主は，❷買主が合理的に指定する期間内に，買主の合理的な指示に従い，本商品の修理，交換，又は返金を行うものとする。

---

(8) 所有権と危険負担

Point

所有権の移転時期は，必ずしも引渡し時ではなく，支払に関連付けることを検討。

所有権の移転時期は，準拠法によって異なりうるところであり，また貿易条件としてインコタームズを定めたとしても，インコタームズは所有権の移

110

転については対象としていませんので，別途明確に定める必要があります。

　所有権の移転時期は，商品の引渡し時を基準とすることも多いですが，売主としては，❶<u>代金の支払まで所有権を留保する</u>ことができれば，代金支払の担保として機能させることができます。他方で買主としては，❷<u>代金を前払いしたときは，その時点で所有権を確保</u>したいところです。

　危険の移転時期は，インコタームズを用いるときはそれに従うとするか，所有権の移転時期と一致させることが多いといえます。以下の例は後者です。

Title and Risk

The title to and risks regarding the Products shall be transferred from Seller to Buyer when the Products are delivered to Buyer in accordance with Article [　].

〈和訳〉

所有権及び危険

本商品の所有権及び危険は，第【　】条に従い，本商品が買主に引き渡された時に売主から買主に移転する。

売主

..., provided, however, ❶<u>Seller shall retain the title to the Products until the payments therefor are made in full.</u>

〈和訳〉

❶<u>ただし，本商品の所有権は，それに対する代金が完全に支払われるまで，売主が留保する。</u>

111

第2編　契約類型別　各論

買主

Notwithstanding the foregoing, in the event that Buyer makes the payments ❷
for the Products in full before the delivery, the title to the Products shall
pass from Seller to Buyer upon the payment.

〈和訳〉

上記にかかわらず，買主が引渡しの前に本商品の代金の全額を支払う場 ❷
合は，本商品の所有権は，かかる支払の時に売主から買主に移転する。

---

(9)　価　格

Point

　価格の決定と変更について，できるだけ主導権を。

　スポットの取引であれば，商品の価格は合意されてひとつに決まります。
継続的な取引でも，都度，見積りをやりとりし，個別契約における価格を明 ❶
確に合意していくパターンもありますが，注文の頻度が高い場合などは，価
格リストをもって価格が固定される場合もよくあります。後者の場合は，経
済状況や原材料価格などに応じて商品の価格が修正されるべき事態も想定し
ておく必要があります。そのような場合，売主としては，自らの裁量で価格
を決定したいのは当然であり，価格が合わなくなれば売るのを止めればよい
と安易に考えがちですが，一方的に供給を止めると，買主の事業に支障が生
じて供給責任を問われかねないこともあるため，価格の変更権が売主にあ ❷
り，一方的な通知によって新価格が適用される旨を明記しておくことをお勧
めします。他方，買主としては，価格が売主によって一方的に変更（増額）
されることは避けたく，増額については買主の同意が必要である旨を定めた ❸
いところです。
　この点について当事者の折り合いがつかない場合の折衷案としては，価格 ❹
の変更権が売主にあるとしつつ，それを合理的な範囲にとどめ，また変更の

112

第2　売買契約・供給契約

通知を効力発生前に余裕をもってすること，あるいは買主の同意を必要とし❺
つつ，その同意は不合理には拒否できないとすることなどが考えられます。

　なお，価格は，貿易条件すなわち運賃や保険料の負担とセットで確認する
必要があります。そのため，インコタームズが価格の条項において定められ
ることもよくあります。

Price
❶
Prices of the Products shall be agreed to by the Parties upon executing each
Individual Agreement in reference to estimates provided by Seller.

〈和訳〉

価格
❶
本商品の価格は，各個別契約の締結に際し，売主が提供する見積りに照
らし，両当事者にて合意されるものとする。

| 売主 |

Prices of the Products shall be set forth in the price list attached to this
Agreement. Such price list may be modified by Seller at its sole discretion❷
by providing notice of the new price list to Buyer.

〈和訳〉

本商品の価格は，本契約に添付される価格リストに記載されたものとす
る。かかる価格リストは，売主が，その単独の裁量にて，買主に対して❷
新しい価格リストを通知することにより，変更されることがある。

113

第2編　契約類型別　各論

買主

Prices of the Products shall be set forth in the price list attached to this Agreement. Such price list may be modified by Seller by providing notice
❸
of the new price list to Buyer, provided that any increase of the prices shall not be effective unless Buyer gives its consent in writing.

〈和訳〉

本商品の価格は，本契約に添付される価格リストに記載されたものとする。かかる価格リストは，売主が買主に対して新しい価格リストを通知することにより，変更されることがある。ただし，❸価格の増額は，買主が書面にて同意しない限り，効力を生じないものとする。

折衷①

Prices of the Products shall be set forth in the price list attached to this
❹
Agreement. Such price list may be modified by Seller to a reasonable extent by providing notice of the new price list to Buyer at least ［　］ days prior to the effective date of the new prices.

〈和訳〉

本商品の価格は，本契約に添付される価格リストに記載されたものとする。かかる価格リストは，売主が，❹新価格の効力発生日より少なくとも【　】日前に買主に対して新しい価格リストを通知することにより，合理的な範囲で変更されることがある。

114

第2 売買契約・供給契約

折衷②

Prices of the Products shall be set forth in the price list attached to this Agreement. Such price list may be modified by Seller by providing notice of the new price list to Buyer, provided that any increase of the prices shall ❺ not be effective unless Buyer gives its consent in writing, which, however, shall not be unreasonably refused or withheld.

〈和訳〉

本商品の価格は，本契約に添付される価格リストに記載されたものとする。かかる価格リストは，売主が買主に対して新しい価格リストを通知することにより，変更されることがある。ただし，価格の増額は，買主が書面にて同意しない限り，効力を生じないものとする。❺ もっとも，かかる同意は，不合理に拒否又は留保されてはならない。

⑽ 支払条件

Point

　与信と回収リスクに応じた支払条件を。

　売主にとって，支払の確保は，いうまでもなく最重要課題です。国際取引における事後的な債権回収のコストは甚大になりますので，買主の財務状況はもちろん，人的な信頼関係などに不安がある場合は，できる限り前払とするか，信用状／Letter of Credit（第1編第2・7参照）の利用をお勧めします。また，分割払や後払とならざるをえない場合は，❶ 支払遅延や買主の信用状況に悪化が認められるときに，支払条件の変更や保証の供与を求められるようにしておくとリスクヘッジに役立ちます。

　他方，買主としては，商品の受入れ検査完了後が最善の，商品の引渡し後が次善の条件といえます。

115

第2編　契約類型別　各論

| 電信送金 |

Payment

Buyer shall pay to Seller the price of the Products based on Seller's invoice … (以下を選択). The payment shall be made by wire transfer to the bank account designated by Seller. The charge for the transfer shall be borne by Buyer.

〈前払〉

…before and as condition for the shipment of the Products.

〈分割払〉

…based on the following schedule:

　　[ ] % before the shipment

　　[ ] % within [ ] days after the delivery

　　[ ] % within [ ] days after completing the inspection

〈引渡し後，翌月末日払〉

…by the end of the month following the month when the delivery of the Products in accordance with Article [ ] is made.

〈受入れ検査後，翌月20日払〉

…by the 20th day of the month following the month when the inspection of the Products is completed in accordance with Article [ ].

〈和訳〉

支払

116

第2　売買契約・供給契約

買主は，売主に対し，本商品の代金を，売主のインヴォイスに従い，
…（期日は以下を選択）支払うものとする。支払は，売主が指定する銀行
口座への電信送金の方法によってなされるものとする。送金の手数料は
買主が負担するものとする。

〈前払〉
…本商品の出荷前に，その条件として

〈分割払〉
…以下のスケジュールに従い：
　　出荷前に【　　】％
　　引渡し後【　　】日以内に【　　】％
　　検収の完了後【　　】日以内に【　　】％

〈引渡し後，翌月末日払〉
…本商品が第【　　】条に従い引き渡された月の翌月の末日までに

〈受入れ検査後，翌月20日払〉
…本商品の検収が第【　　】条に従い完了した月の翌月の20日までに

信用状

Promptly after the execution of this Agreement and at least ［　］days prior
to the shipment of the Products, Buyer shall open an irrevocable and
confirmed letter of credit through a prime bank satisfactory to Seller. The
letter of credit shall be in a form and upon terms satisfactory to Seller, be in
favor of Seller, and be payable in ［United States Dollars］.

117

第2編　契約類型別　各論

〈和訳〉

本契約の締結後速やかに，本商品の出荷の少なくとも【　】日前に，買主は，売主が満足する一流の銀行で，取消不能の確定信用状を開設するものとする。その信用状は，売主が満足する様式と条件にて，売主を受益者として，【米ドル】で支払われるものとする。

売主

❶
In the event that Buyer fails to make any payment due under this Agreement or Seller reasonably believes based on objective evidence that Buyer's financial condition is materially deteriorating, Seller may demand that Buyer change the payment terms to terms that are more favorable to Seller and/or provide assurances satisfactory to Seller.

〈和訳〉

❶
買主が本契約において期限の到来した支払を怠ったとき，又は売主が客観的な証拠に基づいて，買主の財務状況に重大な悪化が生じていると合理的に信じるときは，売主は買主に対し，支払条件を，より売主に有利な条件に変更すること，及び／又は売主が満足する保証を提供することを求めることができる。

---

(11) 通　貨

Point

　取引通貨と決済通貨を明確に定め，為替リスクに注意。

　国際取引では，対価の設定に用いる通貨と，決済に利用する通貨を明確に定めておくことが肝要です。国際取引では，取引通貨と決済通貨が異なる場合，例えば，対価の設定は円や現地通貨としつつ，決済する通貨は米ドルと

118

第2　売買契約・供給契約

いう場合もあります。日本企業が売主である場合は，いずれも日本円とすることができれば，為替の変動に影響されず，一番安心です。取引通貨と決済通貨が異なる場合は，いつ，どこで発表された，どの為替レートを利用するのかを定めておくことが大切です。

また，継続的な取引においては，為替が当初の想定を超えて変動する場合にも備えておくべきかもしれません。為替が変動した場合の具体的な精算方法を定める場合もありますが，ここでは，為替が著しく変動し，当初の価格や為替レートを継続することが当事者間の公平に反する場合には，誠実に協議するという例を紹介します。

All prices of the Products shall be quoted in Japanese Yen and all payments hereunder shall be made in Japanese Yen.

〈和訳〉

本商品の価格は全て日本円で示されるものとし，本契約に基づく全ての支払は日本円で行われるものとする。

All prices of the Products shall be quoted in Japanese Yen and all payments hereunder shall be made in United States Dollars. Upon payment, such prices in Japanese Yen shall be converted into United States Dollars at the [TTS (telegraphic transfer selling)] rate of [bank, place]at the close of banking.

〈和訳〉

本商品の価格は全て日本円で示されるものとし，本契約に基づく全ての支払は米ドルで行われるものとする。支払に際しては，日本円の価格は，【場所】の【銀行名】における【TTS】レートをもって米ドルに換算されるものとする。

119

第2編　契約類型別　各論

---

❷

In the event that the continuation of the prices of the Products or the exchange rates becomes unfair for a Party due to significant fluctuations in foreign currency exchange rates, the Parties shall discuss in good faith setting new prices and exchange rates.

〈和訳〉
❷
外国為替の著しい変動により，本商品の価格又は為替レートの継続が一方の当事者にとって不公平となった場合，両当事者は新しい価格と為替レートについて誠実に協議するものとする。

⑿　保　証

Point

保証は，売主は最小限に，買主は最大限に。

商品に関する保証は，当然のことながら，売主としては責任を最小限に抑え，買主としてはできるだけ対応を求めたいところです。保証とひと口にいっても，その対象となる事項は，仕様への合致から品質の高さまで様々ありますので，いずれの立場からも，何を保証しているのか，明確に意識することが大切です。

売主としては，現状での引渡しとし一切の保証を提供しないとすることができればベストですが，何らかの保証を提供せざるをえない場合，対象を最も限定するとすれば，仕様（スペック）に合致していることについてのみ保証することが考えられます。ここでは，広告における記述など曖昧な表現を仕様と受け取られないように，書面で合意した仕様と明記するとよいです。また，保証責任を追及する場合には，保証期間内（売主としてはできるだけ短い期間とします）に，具体的な内容をもって書面を提出することを，買主に対し求めます。

他方，買主としては，仕様への一致だけでなく，品質にかかわるところま

第2　売買契約・供給契約

で，できるだけ広く保証を得ることを求めます。ここでは，高品質であることや法令の適合性までも含めた広範な保証をしてもらう例を記載します。

　また，両者の極端な条項例を中和した折衷案もひとつご紹介します。

　なお，保証に関しては，商品が第三者の知的財産権等の権利を侵害していないことについての保証も問題となり，それを一般の保証条項に含めることもありますが，ここでは知的財産権の条項に譲ります。

売主①

Warranty
❶
The Products shall be sold to Buyer "as is" and Seller provides no warranty regarding the Products whatsoever.

〈和訳〉

保証
❶
本商品は，買主に対して「現状のまま」で売却されるものであり，売主は本商品について何らの保証をも提供しない。

売主②
❷
Seller warrants to Buyer that the Products shall conform to the specifications separately agreed to in writing between the Parties. ❸ To make any claim under the warranty above, Buyer shall give Seller a written notice providing the details of the claim within [90] days from the delivery of the Products in accordance with Article [　].

〈和訳〉
❷
売主は買主に対し，本商品が，当事者が別途書面にて合意した仕様に合致していることを保証する。❸ かかる保証に基づく請求を行うためには，

121

第2編　契約類型別　各論

> 買主は，第【　】条に従い本商品が引き渡されてから【90】日以内に，
> 売主に対し，請求の詳細を記載した書面による通知を送るものとする。

買主

Seller warrants to Buyer that the Products shall conform to the
specifications ❹ and other descriptions provided by Seller, shall be free from
any defect or flaw in title, design, material, manufacturing, and
workmanship, shall have the highest quality in light of the professional
standard, and shall be in compliance with all applicable laws and
regulations.

〈和訳〉

売主は買主に対し，本商品が，仕様❹その他売主が提供した記述に合致し
ていること，権利，設計，素材，生産及び出来栄えにおいて何ら欠陥が
存在しないこと，専門的な基準に照らし最高級の品質を有しているこ
と，及び全ての適用法に準拠していることを保証する。

折衷

Seller warrants to Buyer that the Products shall conform to the
specifications confirmed by the Parties, shall be free from any defect or flaw
in title, design, material, and manufacturing, and shall be in compliance
with all applicable laws and regulations within the jurisdiction where Seller
is located. To make any claim under the warranty above, Buyer shall give
Seller a written notice within one year from the delivery of the Products in
accordance with Article ［　］.

122

第2　売買契約・供給契約

〈和訳〉

売主は買主に対し，本商品が，当事者が確認した仕様に合致していること，権利，設計，素材，及び生産において何ら欠陥が存在しないこと，及び売主が所在している管轄地における全ての適用法に準拠していることを保証する。保証に基づく請求を行うためには，買主は，第【　】条に従い本商品が引き渡されてから1年以内に，売主に対し，書面による通知を送るものとする。

Point

〈免責〉　明示されていない保証の免責は，売主にとっては必須。

　各国の法律においては，商品の品質等に対する売主の何らかの責任が定められているところ，日本における瑕疵担保責任（改正民法では契約不適合責任）もそうですが，契約において保証が提供されていても，それらの法律上の責任を明確に排除しないと，契約上の保証と法律上の責任が併存することがありえます。また，準拠法によっては，明確に排除しないと黙示の保証をしたとみなされることもあります。代表例は，英米法における「商品適格性の保証（Warranty of Merchantability）」（その商品が通常の用途に適合していることについての保証）及び「特定目的への適合性の保証（Warranty of Fitness for Particular Purpose）」（その商品が買主の特定の目的に適合していることについての保証）です。米国の各州の商法のモデルとなっている統一商事法典（Uniform Commercial Code）には，これらの保証が規定されています（UCC Section 2-2-314，2-315）。

　売主としては，契約に記載された明示的な保証についてのみ責任を負うことを明確にするため，その他の保証からは免責される旨を明記することが必須といえます。

　買主としては，そのような免責条項はない方が有利です。いざというときに契約以外の根拠をもって売主の責任を追及する余地が出てくるためです。もっとも，実務上，こうした免責条項の記載は標準化しているともいえ，売主に求められたら削除は困難と思われます。その場合は，保証文言をできる

123

第2編　契約類型別　各論

だけ充実させましょう。

　なお，このような免責条項は，英米法系においては，目立つ形で記載しなければ有効にならない場合があるため，大文字で記載することが慣例化しています（第1編第2・4参照）。

EXCEPT FOR THE WARRANTY STATED ABOVE, SELLER PROVIDES NO OTHER WARRANTY WITH RESPECT TO THE PRODUCTS, WHETHER EXPRESS OR IMPLIED, INCLUDING BUT NOT LIMITED TO WARRANTIES OF MERCHANTABILITY OR FITNESS FOR A PARTICULAR PURPOSE, EVEN IF SELLER HAS BEEN INFORMED OF SUCH PURPOSE.

〈和訳〉

上記の保証を除いて，売主は本商品について，明示又は黙示を問わず（商品適格性及び特定の目的への適合性の保証を含むがこの限りではない），他のあらゆる一切の保証を行わない。このことは，売主が買主のかかる目的を知っていた場合も同様である。

⒀　知的財産

　〈帰属〉　買主の関与による知的財産の改良が想定されるときは，帰属主体を明確に。

　商品の販売により，物質的な所有権は売主から買主に移転しますが，商品に関する知的財産は，引き続き売主に帰属することが通常です。その旨をあえて記載する必要がないケースも多いといえますが，中長期的な取引の中で，商品について，買主の関与により改良されることが想定されるときは，売主としては，買主に権利主張を許さないよう，知的財産が全て自らに帰属する

第2　売買契約・供給契約

旨を確認的に記載しておいた方がよいでしょう。

　他方，❶買主としては，商品の改良に貢献したときは，権利の一部を認めて
もらうべく協議する余地を残すことを検討しましょう。

Intellectual Property

1. Buyer confirms and acknowledges that all patents, utility model rights, trademarks, design rights, copyrights, logos, symbols, designs, knowhow, and any other intellectual property relating to the Products (the "Intellectual Property") shall belong to Seller, and that nothing contained herein shall be construed in any way to grant any license to Buyer with regard to the Intellectual Property unless otherwise expressly stipulated herein.

2. In the event that Buyer develops any improvement relating to the Intellectual Property, Buyer shall immediately notify Seller in writing to that effect. Unless otherwise expressly stipulated herein, all rights with respect to such improvement shall belong to Seller.

〈和訳〉

知的財産

1．買主は，本商品に関連する特許，実用新案，商標，意匠，著作権，ロゴ，記号，デザイン，ノウハウ，その他一切の知的財産（「本知的財産」という）は，全て売主に帰属すること，及び，本契約が，別途明示的に規定される場合を除き，いかなる意味においても買主に対し本知的財産に関する何らかのライセンスを行うことを意図するものでないことを確認する。

2．買主が本知的財産に関して何らかの改良を行った場合には，買主は直ちにこれを書面にて売主に報告するものとする。別途明示的に規定される場合を除き，かかる改良に関する全ての権利は売主に帰属する。

125

第2編　契約類型別　各論

買主

Notwithstanding the foregoing, if Buyer substantially contributes to the ❶
improvement, Seller shall discuss with Buyer in good faith to determine a
fair share of Buyer's right to the improvement.

〈和訳〉

上記にかかわらず，買主がかかる改良に実質的な貢献をしているとき ❶
は，売主は買主との間で，当該改良に対する買主の権利の公平な持分を
決定するため，誠実に協議するものとする。

Point

〈非侵害〉　商品が第三者の知的財産権を侵害する場合のリスクは大。売
主はできるだけ責任を回避。買主はできるだけ保証を確保。

購入した商品が，第三者の特許権，実用新案権，商標権，意匠権などの知
的財産権を侵害している場合，買主は，当該第三者からライセンスを得るか，
当該第三者のそれらの権利を無効としない限り，当該商品を使用，販売でき
なくなってしまいます。そこで買主としては，売主に，そのような第三者の ❶
権利侵害はないことを保証してもらうよう求めるべきです。

他方，売主は，自らとしてもそのような事態を望むものではないものの，
仮に自社商品が第三者の権利を侵害しているとすれば，自らの対応コストの
他，買主にも，第三者の請求に対応するコストや，代替品を調達するコスト
などが生じるところ，それらの負担を避けることが望ましいです。そこで，
逆に，売主は第三者の知的財産に対する非侵害については何ら保証しない旨 ❷
を定めることを目指します。ちなみに，ウィーン売買条約（第1編第1・2⑷
参照）では，売主は，原則として，第三者の知的財産権の対象になっていな
い商品を引き渡さなければならないとされています（ウィーン売買条約42条）。

両当事者の要望が平行線となる場合は，妥協点を見つけなければなりませ

126

第2　売買契約・供給契約

ん。折衷案を考えるポイントとしては，権利の非侵害については保証することを基本としつつ，それを**売主の認識又は認識可能性にかからせること**（"to Seller's actual knowledge"〔売主が現に知る限り〕とするとかなり限定される一方，"to Seller's best knowledge"〔売主が知りうる限り〕とするとかなり広範になります。以下の例文ではそれらの中間的な"to Seller's reasonable knowledge"〔売主が合理的に知る限り〕としています），❸**権利の非侵害を保証する第三者の所在地を限定すること**（買主の所在国内であればある程度の調査が可能ですが，第三国に転売された場合までのフォローは困難となります），❸**買主に対して補償するのは，商品が現に権利を侵害していた場合に限定すること**（結果的に非侵害であった場合は除く），❸**補償する損害を合理的な範囲に限定する**ことなどが考えられます。

　なお，契約以前の対応として，各当事者においては，お互いにとって無用なコストや紛争を避けるため，商品が第三者の知的財産権などを侵害していないかについて，あらかじめ専門家を活用するなどして調査することが望まれます。

買主

❶Seller represents and warrants that the Products shall not infringe any intellectual property right of any third party. In the event that Buyer suffers any damages or costs due to a claim made by a third party alleging such infringement, Seller shall indemnify Buyer against such damages and costs.

〈和訳〉

❶売主は，本商品は，第三者のいかなる知的財産権をも侵害していないことを表明し，保証する。買主が，そのような侵害について主張する第三者からの請求により損害又は費用を被ったときは，売主は買主に対し，それらの損害及び費用を補償する。

127

第2編　契約類型別　各論

売主

❷
Seller provides no representation or warranty, whether express or implied, as to any non-infringement of any intellectual property right of any third party.

〈和訳〉
❷
売主は，第三者の知的財産権の侵害について，明示又は黙示を問わず，何らの表明又は保証を行わない。

折衷

❸
To Seller's reasonable knowledge at the time of each delivery, Seller represents and warrants that the Products shall not infringe on any ❸ intellectual property right of any third party in the country where Buyer's principal office is located. In the event that Buyer suffers any damages or ❸ costs due to actual infringement of a third party's intellectual property right, ❸ Seller shall indemnify Buyer against reasonable damages and costs.

〈和訳〉
❸
各納品時において売主が合理的に知る限り，本商品は，買主の主たる事 ❸ 業所が所在する国における第三者のいかなる知的財産権をも侵害してい ないことを表明し，保証する。買主が，第三者の知的財産権を実際に侵 ❸ 害していたことにより損害又は費用を被ったときは，売主は買主に対 ❸ し，合理的な損害及び費用を補償する。

128

第2　売買契約・供給契約

⑷　製造物責任

Point

製造物責任は，第三者に対する責任は強行法規にて規定されるが，売主・買主間の関係は契約で定まる。

商品の欠陥により第三者に対するいわゆる製造物責任が生じた場合，当該第三者に対する責任は，直接の不法行為となり，製造物責任法などの強行法規によって規定されます。基本的には，製造者，販売元（売主）だけでなく，輸入者（買主）も同様の責任を負います。

そうすると，当該第三者から見れば，外国の販売元などに請求するよりも，自国内の業者に請求する方が簡便でもあるため，輸入者である買主において一次的に補償を行うことが想定されます。その場合，買主としては，売主に対して求償したいところですが，この関係については必ずしも製造物責任法などでは一義的に決まらず，売主・買主間の契約内容によって左右されます。

そこで，買主としては，❶製造物責任によって損害を被った場合は，売主に求償できる旨を明記しておくと安心です。

他方，売主としては，ある程度の求償はやむを得ないとしても，❷買主や第三者に責任がある場合は求償を免れるようにしておきたいところです。

以下では，まず，製造物責任が生じた場合の両当事者の協力義務について定めています。

Product Liability

In the event that either Party perceives that any damage has occurred to the life, body or property of a third party due to any defect of the Products, or there is any threat that such damage will occur, such Party shall notify the other Party without delay, cooperate in investigating to determine the cause, and discuss appropriate measures to be taken.

129

第2編　契約類型別　各論

〈和訳〉

製造物責任

各当事者は，本商品の欠陥により，第三者の生命，身体又は財産に損害を生じさせ，あるいは生じさせるおそれを認識したときは，遅滞なく他方当事者にその旨を通知するとともに，原因の解明に協力し，適切な対策につき協議する。

買主

❶
In the event that Buyer suffers any costs or damages as a result of a claim made against Buyer by a third party for damages caused to the third party's life, body or property due to any defect of the Products, Seller shall indemnify Buyer against such costs and damages.

〈和訳〉
❶
売主は，本商品の欠陥により，第三者から生命，身体又は財産に生じた損害に関して請求がなされ，買主が損害又は費用を被ったときは，買主に対しその損害及び費用を補償する。

売主

❷
…except in the event that: (1) such defect is caused due to any instruction of Buyer; (2) Buyer processes the Products, modifies the Products, or combines the Products with other materials, without the express consent of Seller; or (3) the third party uses the Products in violation of Seller's instructions or in any manner different from ordinary usage.

〈和訳〉

130

第2　売買契約・供給契約

❷…ただし，以下の場合は除く：⑴かかる欠陥が，買主の指示によって生じた場合，⑵買主が，売主の明示的な許諾を得ずに本商品を加工し，改造し，又は他の素材と組み合わせた場合，又は⑶当該第三者が，売主の指示に反して，又は一般的な用法とは異なる方法にて本商品を使用した場合。

第3 販売店契約

① 販売店と代理店の違い

	販売店（Distributor）	代理店（Agent）
在庫負担	あり（買取り）	なし
顧客に対する責任	売主としての責任を負う	売主としての責任はサプライヤーが負う
顧客に対する価格の決定	販売店が決定（再販売価格の拘束は独占禁止法に違反する可能性あり）	サプライヤーが決定
利益	転売利益（利幅は大きくなる傾向）	コミッション（利幅は小さくなる傾向）

　第3，第4では，販売店契約と代理店契約について解説しますが，まずここで両者の違いを説明します。販売店（Distributor）と代理店（Agent又はRepresentative）という用語は，よく混同して用いられる傾向にありますが，それらの違いは法的にとても重要ですので，明確に区別することが検討の出発点になります。なお，実務では，法的には販売店と評価できるのに代理店と呼ばれているケース，その逆のケース，またややこしいことに販売代理店という呼称が使われるケースもよくありますが，重要なのは呼称ではなく実質です。ここでは，わかりやすくするため，上記の表の意味において販売店，代理店という呼称を用います。また，販売店，代理店に対して商品を供給する者は，いずれもサプライヤーと呼ぶこととします。

　販売店は，サプライヤーから商品を購入し，一旦，自らの在庫として資産計上した上で，顧客や二次販売店等の第三者に対して転売します。商品を買

133

第2編　契約類型別　各論

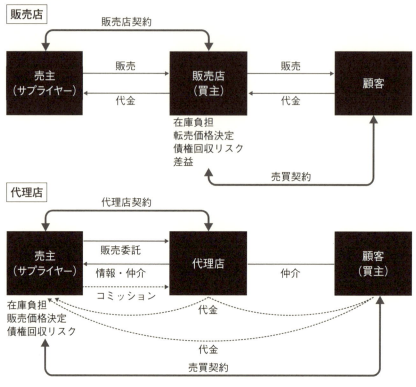

販売店と代理店

い取るため，在庫の負担がリスクになります。また，買主に対して売主として販売するため，商品に欠陥などがあった場合は，買主に対して一次的な責任を負い，これもリスクとなります。その代わり，転売価格は販売店の裁量で決定でき（サプライヤーから，再販売価格についての希望が提示されることはありますが，不公正な制約は独占禁止法に違反する可能性があります），仕入価格との差額が販売店の利益となるため，利幅は比較的大きくなる傾向があります。

これに対し，代理店においては，サプライヤーから商品を購入するのは，あくまで顧客等の第三者であり，代理店は，サプライヤーと買主との間の売買を取り次ぐ役割となります。商品を買い取るわけではないため，在庫の負担がありません。また，商品に欠陥などがあった場合でも，売主としての責

第3　販売店契約

任は法的にはサプライヤーが負うことになるため，リスクは小さくなります。その代わり，商品の価格は最終的にサプライヤーが決定し，代理店の利益は，取次業務の対価としてのコミッションに限られますので，利幅は比較的小さくなる傾向があります。

　上記の違いは，契約書にも反映されます。販売店契約では，サプライヤーと販売店間の商品の継続的な売買を軸とし，販売店を名乗って販売促進等の活動をするためのブランド等のライセンスという要素が加わることとなります。代理店契約では，商品の売買契約はサプライヤーと買主との間に成立しますので，サプライヤーから代理店に対しては，ブランド等のライセンスの下で，買主との間の取次や集金，販売促進といった業務を委託するという関係として整理されます。

② 販売店契約の概要

Point

販売店契約 ＝ 継続的な売買契約 ＋ ブランド等のライセンスに基づく再販売許諾

　販売店契約（Distribution / Distributorship Agreement）は，販売店が，サプライヤーから所定の商品を買い取り，所定の地域において，サプライヤーの商号やブランドを使用して，再販売する契約です。商品の継続的な取引に関する部分については，第2で解説した供給契約／継続的売買契約の内容がほぼそのまま当てはまります（そのため，ここでは重ねて解説しません）。販売店は，それに加え，サプライヤーから，その商号やブランド名を使用してサプライヤーの商品を再販売することについて許諾（販売権）を受けます。その販売権の内容が，販売店契約の肝となります。

　販売権の内容における最も重要な要素は，独占権の有無と範囲です。サプライヤーとしては，販売店に対して何らかの独占権を与える場合，独占販売店が期待どおりの実績を上げてくれない場合に備える必要があるため，独占

135

第2編　契約類型別　各論

権の内容，範囲，条件などを慎重に設計する必要があります。他方，販売店に独占権を与えない場合は，サプライヤーは，販売店の実績が期待外れでも他のルートで販売ができるため，さほどリスクヘッジに神経質にならずとも済みます。これに対し，販売店としては，サプライヤーの商品について市場を開拓し，ブランドの認知度を高めるために，相応の経営資源を投下するわけですから，その努力の成果をサプライヤー自身や他の販売店に横取りされることがないよう，できるだけ独占権を確保したいところです。しかし，独占権の見返りとして最低購入義務を課され，重い在庫リスクの負担を求められることもあるため，投資とリスクのバランス感覚が重要になります。

③ 条項例

(1)　販売権の付与 （販売店としての指名）

Point

> 販売権は，独占権の有無，テリトリー，対象商品を明確に。

　上記のとおり，サプライヤー，販売店，いずれの立場にとっても，販売権の内容を具体的かつ明確に定めることが大切です。その記載が不明確ですと，双方の認識の不一致を招き，トラブルの原因となります。販売権の内容を構成する主な要素は，独占権，テリトリー（販売可能地域），対象商品であり，それらの組合せにより様々なバリエーションがありえます。サプライヤーの全商品について，特定のテリトリーにおいて非独占，といった場合は比較的シンプルですが，販売権を与える商品を一部に限定する場合（その場合は，どの商品を対象とするのか，品番などによって明示する必要があります）や，ひとつのテリトリーでは独占権を与えつつ，他の地域では非独占による販売を認めるパターンなどもあります。以下では，標準的な条項をベースとし，それぞれの具体的な内容を付加していく形でご紹介します。

　なお，ここでは，販売権付与の基本条項とともに，販売店としての活動の範囲内でサプライヤーの知的財産権の使用が許諾される旨を記載しています。

136

第 3　販売店契約

かかる条項は，知的財産権の項目にて記載されることもあります。

Grant of Distribution Right

Supplier hereby grants Distributor the right to promote, sell and distribute the products specified in Exhibit A hereto（the "Products"）within the territory set forth in the next paragraph（the "Territory"）based on the terms and conditions of this Agreement. Supplier also grants Distributor the right to use Supplier's intellectual property such as patents, trademarks, utility models, copyrights, logos, and trade names, for and only to the extent of the performance of Distributor's rights and obligations hereunder.

〈和訳〉

販売権の付与

サプライヤーは，販売店に対し，本契約をもって，本契約に定める条件に従い，次項に定める地域（「テリトリー」という）内において，別紙Ａに規定される商品（「本商品」という）を販売，販売促進，及び流通させる権利を付与する。また，サプライヤーは，販売店に対し，販売店が本契約における権利及び義務の履行のため，その範囲に限り，サプライヤーの特許，商標，意匠，著作権，ロゴ，及び商号を含む知的財産権を使用する権利を付与する。

ア　独占権の有無と範囲

Point

販売権は，独占，非独占のいずれかを明確に。

独占の場合にその旨を明記することは意識しやすいですが，非独占の場合は "non-exclusive" と書かず，曖昧になっている例を散見します。あえて "exclusive" と書いていなければ非独占であると解釈することが自然ではあ

137

第2編　契約類型別　各論

りますが，特にサプライヤーの立場からは，万が一にも販売店が独占権を主張することを避けるため，"non-exclusive" と明記しましょう。

以下では，テリトリーによって独占と非独占を分ける例も紹介します。

独占権を与える場合，サプライヤーとしては，販売店が期待どおりの販売活動をしてくれない事態に備えることが極めて重要です。そのような場合，サプライヤーは，他の販売店などを通じて販売したいところですが，独占販売権が継続している以上，他のルートでの販売はできず，それをすれば契約違反となってしまいます。もし，販売店の営業トークを信じて，長期間の独占権を与えてしまい，特にそれを解除する手立てを講じていなかったとすれば，どんなに実績が上がらなくても，他に契約違反でもない限り，その間，ビジネスチャンスを失っていくのを横目に見ながら，契約期間が満了するのを待つほかなくなってしまいます。日本人は，人を信頼するという長所をもちますが，海外，特にアジアでは，ビッグマウスの業者も多いため，それが裏目に出て痛い思いをしている例を多く見ています。

サプライヤーの立場から，独占権を与える場合のリスクヘッジとしては，商品の最低購入数量を定めるとともに，それを達成できない場合は独占権を解除できるようにし，また強制的に買い取らせる旨を規定することが有用です（後述します）。また，契約期間をできるだけ短くし，更新の際に契約内容を見直せるようにしておくこともリスクの軽減になります。

他方，販売店としては，経営資源を投下した成果について，他の販売店などのフリーライドを許さないために，独占権を確保したいところですが，実現できるかわからない最低購入数量を義務付けられることは大きなリスクになります。

そこで，ひとつのバランスを取った例としては，当初はテスト期間のように独占権を短期間にて与え，双方が妥当と考える最低購入数量を設定し，それをクリアすれば独占権をより長期にわたり継続することを認める方法などが考えられます（こちらも後述します）。

なお，非独占的契約であっても，サプライヤーとしては，けして安易に販

138

第3　販売店契約

売権を付与してはなりません。同じテリトリー内で，他の販売店候補者が独占権を希望した場合，既存の販売店の存在が障害になるからです。非独占的契約において，最低購入数量を義務付けようとすれば，通常は販売店の抵抗を受けますので，契約期間を短めとして，期間満了での終了をしやすくしておくことが有益です。

独占

The Distributor's right set forth above shall be granted on an exclusive basis.

〈和訳〉
上記の販売店の権利は，独占的に与えられるものとする。

非独占

The Distributor's right set forth above shall be granted on a non-exclusive basis.

〈和訳〉
上記の販売店の権利は，非独占的に与えられるものとする。

独占＋非独占

The Distributor's right set forth above shall be granted on an exclusive basis for ［Country A］（the "Exclusive Territory"）and on a non-exclusive basis for ［Country B］（the "Non-exclusive Territory"）.

〈和訳〉

139

第2編　契約類型別　各論

> 上記の販売店の権利は，【A国】においては独占的に（「独占テリトリー」
> という），【B国】においては非独占的に（「非独占テリトリー」という）与え
> られるものとする。

イ　テリトリー

Point
　テリトリーは，特別行政区など，特殊な地域に注意。

　独占，非独占，いずれの場合も，商品を販売できる地域を定めます。ここ
で注意するべきなのは，特別行政区などの政治的に特殊な地域の存在です。
典型的な例は中国です。日本人にとっては，香港，マカオ，台湾は，中国と
は別の主権をもつ国という感覚が強いですが，中国人は，それらの地域は中
国の一部であるとの政治的認識をもっている可能性が高いです。そうすると，
単にテリトリーを中国と記載すれば，香港等を含むか否かについて議論が割
れ，最悪の場合は思想的な対立にまで至るおそれがあります。

　なお，サプライヤーとして，テリトリーを厳格に管理したい場合には，テ
リトリー外に所在する顧客に対する販売を明確に禁止するとともに，テリト
リー外の潜在顧客から引き合いを受けたときはサプライヤーに報告するよう
義務付けることが考えられます。逆に，販売店としては，テリトリー外の顧
客であっても，受け身で引き合いがあった場合は，販売できるようにしてお
くことが考えられます。

Territory

The Territory where Distributor may distribute the Products shall be ［the
geographical mainland of the People's Republic of China excluding Hong
Kong Special Administrative Region, Macau Special Administrative
Region, and Taiwan region］.

〈和訳〉

140

第3 販売店契約

テリトリー

販売店が本商品を販売することができる対象地域は,【中華人民共和国の地理的本土とし,香港特別行政区,マカオ特別行政区,及び台湾地区は除く】。

サプライヤー

❶ Distributor shall not promote or sell the Products to any customer located outside the Territory, whether directly or indirectly. If Distributor receives any inquiry from a potential customer located outside the Territory, it shall promptly report to Supplier to that effect.

〈和訳〉

❶ 販売店は,直接又は間接を問わず,テリトリー外に所在する顧客に対して本商品を宣伝又は販売してはならない。販売店が,テリトリー外の所在する潜在顧客から何らかの問合せを受けた時は,サプライヤーに速やかにその旨を報告するものとする。

販売店

❷ Distributor shall not be prevented from selling the Products to a customer located outside the Territory when Distributor receives an unsolicited inquiry from the potential customer.

〈和訳〉

❷ テリトリーにかかわらず,販売店は,テリトリー外に所在する潜在顧客から受動的に問合せを受けたときは,かかる顧客に対して本商品を販売

141

第2編　契約類型別　各論

することを妨げられない。

ウ　二次販売店の可否

Point

　いずれの立場からも二次販売店の設置の可否を明確に。

　販売店が，二次販売店や代理店を起用することは，販売拡大のために両当事者にとって望ましいこともありますが，サプライヤーとしては，二次販売店等にも自社のブランドを語って営業をさせる以上，販売店に自由な起用を認めるべきではなく，❶サプライヤーの承諾を必要とすることをお勧めします。なお，二次販売店等の起用は，何も記載がなければ制限はないと解釈されることが原則といえますので，制限するのであれば明確な規定を設けるべきです。

　他方，販売店としては，❷二次販売店等をその裁量で起用することを認めてもらえる場合，何も書かないという選択肢もありますが，後の認識のすれ違いを防ぐため，やはり明記しておくことをお勧めします。

　サプライヤーとして二次販売店等の管理をしっかり行いたい一方で，販売店が二次販売店等の起用に積極的であるという場合などは，❸サプライヤーの承諾を必要とする原則は維持しつつ，事前に候補者の情報提供をもって協議するプロセスを定め，承諾も不合理に留保しないといった折衷案が考えられます。

サプライヤー

❶
Distributor shall not use or appoint any sub-distributor, agent, or other third party to engage in sales of the Products without the prior written consent of Supplier.

〈和訳〉

142

第3　販売店契約

❶
販売店は，サプライヤーの事前の書面による承諾なく，本商品の販売の
ため，二次販売店，代理店，その他の第三者を使用又は任命してはなら
ない。

販売店
❷
Distributor may at its reasonable discretion use or appoint sub-distributors and/or agents for the sales of the Products within the Territory.

〈和訳〉
❷
販売店は，その合理的な裁量により，テリトリーにおける本商品の販売
のため，二次販売店及び／又は代理店を使用又は任命することができる。

折衷
❸
When Distributor intends to use or appoint a sub-distributor or agent for the sales of the Products, Distributor shall discuss and disclose the information about the potential sub-distributor or agent with Supplier and obtain the Supplier's consent in advance, which shall not be unreasonably withheld.

〈和訳〉
❸
販売店が，本商品の販売のため，二次販売店又は代理店の使用又は任命
を意図するときは，事前に，サプライヤーに対し潜在的な販売店又は代
理店の情報を開示の上，サプライヤーと協議し，サプライヤーの書面に
よる承諾を得るものとする。かかる承諾は，不合理に留保されてはなら
ない。

143

第2編　契約類型別　各論

エ　サプライヤーによる販売の可否

Point

　サプライヤー自身による販売の可否も明確に（特に独占的契約）。

　非独占的契約の場合は，❶サプライヤーがテリトリー内で併存的に販売活動を行うことも妨げられないことが通常といえます（ただし，その場合も，販売店は，他の販売店が指名されることは想定していても，サプライヤーが自ら販売活動を行うことは想定していない可能性もありますので，サプライヤーとしては販売できる旨を明記しておくことが望ましいです）。他方，独占的契約の場合は，独占権の意味が，他の販売店を指名しないという趣旨にとどまるのか，あるいは❷サプライヤー自身による販売も行わないという趣旨であるのか，当事者の認識にすれ違いが生じる可能性がありますので，いずれの立場からも明記しておくことをお勧めします。また，独占的契約であっても，例えば，❸サプライヤーの既存顧客や，サプライヤーのeコマースサイト経由での顧客については，サプライヤーによる直接販売を認めるケースもあり，そのような場合は条件の明記は必須といえます。

　サプライヤー

❶ The grant of the distribution right hereunder shall not prevent Supplier from marketing, promoting and selling the Products directly to customers located within the Territory.

〈和訳〉

❶ 本契約における販売権の付与によって，サプライヤーは，テリトリー内に所在する顧客に対し，直接に本商品を宣伝及び販売することを妨げられるものではない。

144

第3　販売店契約

独占販売店

❷
Supplier shall not market, promote or sell the Products to customers located within the Territory through any channel, whether directly or indirectly. If Supplier receives any inquiry from a potential customer located within the Territory, it shall promptly notify Distributor to that effect.

〈和訳〉
❷
サプライヤーは，テリトリー内に所在する顧客に対し，直接・間接を問わず，またどのような経路によっても本商品を宣伝又は販売してはならない。サプライヤーがテリトリー内の潜在顧客から何らかの問合せを受けたときは，販売店にその旨を速やかに通知するものとする。

独占的契約・折衷

The grant of the distribution right hereunder shall not prevent Supplier from selling the Products directly to customers located within the Territory, but
❸
only to the extent that a) such customers place orders to Supplier through the e-commerce site operated by Supplier, or b) such customers have already been the customers of Supplier before the execution of this Agreement.

〈和訳〉
❸
本契約における販売権の付与によっても，サプライヤーはa）顧客が，サプライヤーが運営するeコマースサイトを通じて注文してきた場合，又はb）顧客が，本契約の締結以前から既にサプライヤーの顧客であった場合は，それらの限りにおいてのみ，テリトリー内に所在する顧客に対し直接に，本商品を販売することができる。

第2編　契約類型別　各論

(2)　最低購入数量

Point

〈独占的契約〉　最低購入数量は，未達成の場合の効果と，独占権との結び付きを明確に。

　既述したように，サプライヤーとして，独占権を与える場合の最も効果的なリスクヘッジといえるのが，商品の最低購入数量を定める方法です。通常，独占権と最低購入数量はバーターであるともいえます。

　最低購入数量を設けるときは，それを達成できない場合の効果も明確に定めることがポイントです。典型的には，サプライヤーから❶契約自体を解除できるようにすること，❷独占権を解除できるようにすること，また販売店に❸不足分を強制的に買い取らせることが考えられます。契約自体の解除は，販売店にとってのリスクが大きくなるところ，サプライヤーは独占権さえ解除できれば他のルートでの販売が可能になるので，独占権の解除だけでも十分なヘッジになるといえます（もし，販売店に他の契約違反があれば，それを理由として契約自体の解除も検討します）。不足分の買取りの強制については，契約又は独占権の解除と併存させる場合と，解除権は設けずに買取りのみを規定する場合があります（以下の条項例は，不足分の買取りは必須，契約又は独占権の解除はサプライヤーの裁量という，最もサプライヤーに有利な形としています）。

　他方，販売店としては，経営資源を投下する以上，独占権を確保したければ，その見返りとしてサプライヤーから最低購入数量の達成を義務付けられるのもやむを得ないところです。その場合，最低購入数量の実現可能性を吟味することはもちろんですが，それを達成できない場合の効果をできるだけ緩和することがリスク回避には重要です。それまでの経営努力が水泡に帰するような，契約自体の解除に結び付けられてしまうことは絶対に避けたいです。独占権の解除のみであれば，在庫の販売はもちろん，それまでに投下した経営資源も引き続き活用することができます。また，不足分の買取りについては，契約時点では将来の見通しは不透明ですので，強制的に在庫を抱えさせられることは極力避け，逆に❹不足分を買い取る場合には独占権を継続で

146

第3　販売店契約

きるようにするオプションとして定めることが考えられます。

　このように，独占権と最低購入数量は，サプライヤー，販売店，いずれにとってもシビアな問題です。ひとつの折衷的な例としては，当初はテスト期間と考えて独占権を短期間にて与え，双方が妥当と考える購入目標を設定し，それをクリアすれば独占権をより長期にわたり認める（達成できない場合は非独占として継続する）方法などが考えられます。

サプライヤー

Minimum Purchase Requirement

Distributor shall purchase the Products from Supplier at a minimum purchase amount of ［　］ per year (the "Minimum Purchase Amount"). In the event that Distributor fails to purchase the Minimum Purchase Amount:

(1) Distributor shall purchase the Products to satisfy the Minimum Purchase Amount within one (1) month following the one-year period; and

(2) Supplier may forthwith a) terminate the Agreement, or b) cancel the exclusive right granted to Distributor hereunder, by giving notice to Distributor.

〈和訳〉

最低購入義務

販売店は，1年間に最低，合計額【　】の本商品をサプライヤーから購入しなければならない（「最低購入数量」という）。販売店が最低購入数量を購入できないときは：

(1)　販売店は，当該1年の期間の後，1か月以内に，最低購入数量を充たすよう本商品を購入しなければならない；かつ

(2)　サプライヤーは，直ちに，販売店に対して通知することによりa)

147

第２編　契約類型別　各論

❶
本契約を解除するか，又はｂ）❷本契約において販売店に付与された独
占権を解除することができるものとする。

販売店

Distributor shall purchase the Products from Supplier at a minimum
purchase amount of ［ ］ per year（the "Minimum Purchase Amount"）. In
the event that Distributor fails to purchase the Minimum Purchase Amount,
❹
Distributor may choose to:

(1) purchase the Products to satisfy the Minimum Purchase Amount within

two (2) months following the one-year period, and thereby the exclusive

right granted to Distributor hereunder shall continue; or

(2) allow Supplier to cancel the exclusive right, in which case Distributor

shall not be obligated to purchase the additional Products to satisfy the

Minimum Purchase Amount.

〈和訳〉

販売店は，１年間に最低，合計額【　】の本商品をサプライヤーから購
入しなければならない（「最低購入数量」という）。販売店が最低購入数量
を購入できないときは，❹販売店は以下を選択できる：

(1)　当該１年の期間の後，２か月以内に，最低購入数量を充たすよう本

商品を購入する。それにより，本契約において販売店に付与された独

占権は継続するものとする；又は

(2)　サプライヤーが独占権を解除することを認める。その場合，販売店

は，最低購入数量を充たすために追加の本商品を購入することを義務

付けられないものとする。

148

第3 販売店契約

折衷

Purchase Target
❺
The Parties agree to set the target for Distributor to purchase the Products from Supplier during the first year of this Agreement at the total purchase price of ［ ］ (the "Purchase Target"). If the Purchase Target for the first year is satisfied, the exclusive right granted to Distributor hereunder shall continue for at least ［three（3）］ years. If the Purchase Target for the first year is not satisfied, the exclusive right may be canceled by Supplier by giving written notice and thereby the distributorship hereunder may continue on a non-exclusive basis.

〈和訳〉

購入目標
❺
両当事者は，本契約の最初の1年間において，販売店がサプライヤーから本商品を合計額【 】まで購入することを目標とすることに合意する（「購入目標」という）。初年度の購入目標が達成された場合，本契約において販売店に付与された独占権は，少なくとも【3年】間，継続するものとする。初年度の購入目標が達成されない場合，サプライヤーは書面による通知をもって独占権を解除できるものとし，その場合，販売権は，非独占にて継続する。

Point

〈非独占的契約〉 非独占的契約でも，最低目標の設定を検討。

　非独占的契約では，販売店の業績が伸び悩んでも，サプライヤーは他のルートでの販売が可能であるため，販売店に最低購入数量を課す必要性は低く，実際もそのような例は少ないです。

　もっとも，サプライヤーとしては，非独占的契約とはいえ，あまりに業績

149

第2編　契約類型別　各論

の悪い販売店を維持しておくことは管理コストもかかり，また他の販売店が同じテリトリーで独占的契約を希望した場合に，既存販売店の存在が障害となる可能性もあります。そこで，例えば，最低目標数量を定めておき，それを達成できない場合は，契約の更新がなされない可能性に言及しておくことが考えられます（なお，サプライヤーとしては，最低目標数量を達成したとしても，契約更新をしないことがある旨を留保しておくべきです）。

　販売店の立場からは，独占的契約における最低購入義務ほどシビアでないものの，数値化された目標を達成できなければ，期間満了による契約終了に抵抗することは事実上難しくなりますので，最低目標を設定するのであれば，それが売れなければ自社としても継続するメリットがないといえるレベルの金額としておくべきです。

　こうした目標数量を定めるときは，対象期間毎に内容を協議の上で調整するようにしておけば，柔軟な運用が可能となります。

サプライヤー

Purchase Targets

The Parties shall separately agree in writing on the minimum target amount (the "Minimum Target") for Distributor to purchase the Products from Supplier during each fiscal year, which shall be reviewed and adjusted by the Parties for every fiscal year based on good-faith discussions between the Parties. If the Minimum Target for the respective year is not achieved, Distributor understands that Supplier may choose not to renew the Agreement upon the expiry thereof for that reason, provided that, for the avoidance of doubt, the renewal of the Agreement shall not be guaranteed even when the Minimum Target is achieved.

〈和訳〉

第3　販売店契約

購入目標

両当事者は，別途，書面にて，各会計年度において販売店がサプライヤーから購入する本商品について，最低目標（「最低目標」という）を合意するものとし，最低目標は，会計年度毎に，両当事者の誠意ある協議に基づき，見直され，調整されるものとする。対象年度における最低目標が達成されない場合，販売店は，サプライヤーが，そのことを理由として，本契約の期間満了時において本契約を更新しない判断をするかもしれないことを理解する。ただし，誤解を避けるために述べると，最低目標が達成された場合でも，本契約の更新は保証されないものとする。

(3) インセンティブ目標

Point

　独占，非独占いずれにおいても，インセンティブ目標の設定は双方にとって有益となりうる。

　最低数の購入を義務付けてペナルティを課すのではなく，インセンティブとして，販売店が所定の目標数量を達成したときに，その後の取引条件を販売店に有利に変更する（又は変更する方向で協議する）旨を定めることは，両当事者にとって有益な選択肢になりえます。販売店にとって，営業努力をするモチベーションとなることはもちろんですが，サプライヤーにとっても，それにより全体の売上げが向上すれば望ましいからです。この取決めは，独占的，非独占的，いずれの契約においても可能です。

　インセンティブ目標を達成した場合の効果について，❶契約締結時点において両当事者が具体的な条件（通常は販売店に対する卸売価格）に合意できるのであれば，その価格リストを添付するなどしてそれを特定することになります。もっとも，当事者のいずれか（主にサプライヤー）が，契約締結時点では条件を決めかねるとのことであれば，❷具体的な条件は目標達成時点において協議して決めると定めることが考えられます。

151

第2編　契約類型別　各論

Incentive Targets

The Parties shall separately agree in writing on the incentive target amount (the "Incentive Target") for Distributor to purchase the Products from Supplier during each fiscal year. The Incentive Target shall be reviewed and adjusted by the Parties for every fiscal year based on good-faith discussions between the Parties.

〈和訳〉

インセンティブ目標

両当事者は，別途，書面にて，各会計年度において販売店がサプライヤーから購入する本商品について，インセンティブ目標（「インセンティブ目標」という）を合意するものとする。インセンティブ目標は，会計年度毎に，両当事者の誠意ある協議に基づき，見直され，調整されるものとする。

When the Incentive Target for the first year is achieved, ❶Supplier agrees to sell the Products to Distributor during the next year at the reduced prices as described in Exhibit C. Prices for subsequent years shall be decided by the Parties through good-faith discussions.

〈和訳〉

初年度におけるインセンティブ目標が達成された場合，❶サプライヤーは，翌年度の間，販売店に対して，別紙Cに記載された減額された金額にて本商品を販売することに合意する。その後の年度の価格については，両当事者が誠意をもった協議を通じて決定するものとする。

152

第3　販売店契約

When the Incentive Target for the respective year is achieved, the Parties shall discuss in good faith modifying the terms of sales of the Products from Supplier to Distributor during the next fiscal year in a way that is more favorable to Distributor.

〈和訳〉

対象年度におけるインセンティブ目標が達成された場合，両当事者は，翌年度にサプライヤーが販売店に本商品を販売する条件について，販売店にとってより有利な形で修正することにつき，誠意をもって協議するものとする。

⑷　在　庫

Point

在庫は，契約終了時の買取りや，一定期間の継続販売についての取決めが重要。

　販売店は，在庫の負担を抱えますが，これが契約終了時におけるひとつの問題となりえます。販売店契約が終了すると，販売店は基本的にサプライヤーの商品を販売することができなくなります。その時点で在庫が残っていると，販売店にとっては完全な不良在庫となり，大きな損失が生じますので，できればサプライヤーに買い戻してもらうか，そうでなければ契約後も在庫だけは継続販売できるように認めてもらうことを希望します。他方，サプライヤーとしては，買戻しも継続販売も応じないで済ませることができれば望ましいです。とはいえ，販売店が身を守るため在庫を安価でたたき売りし，ブランド価値に悪影響が生じる可能性もありますし，販売店が在庫リスクを気にして十分な在庫を保持せず，顧客への機動的なサービスに支障が生じることも考えられます。

　そこで，折衷的な案としては，サプライヤーにおいて，状況に応じ，在庫

153

第2編　契約類型別　各論

の買戻し又は継続販売のいずれかを選択できるようにすることが考えられます。また，これらの措置の可否を，❺契約の終了がサプライヤーの都合や帰責性による場合，あるいは❻販売店の都合や帰責性による場合で区別することも合理的といえます。なお，在庫の買戻しを定める場合は買取り価格（販売店への販売価格や簿価）を，継続販売を定める場合は期間を，明確に定めておくべきです。

> サプライヤー
>
> Distributor shall maintain sufficient inventory of the Products at all times during the term of this Agreement so as to be able to promptly respond to all orders reasonably anticipated in the Territory. ❸Upon termination or expiration of this Agreement for any reason, Supplier shall have no obligation to repurchase or compensate Distributor for the Products held by Distributor in inventory.
>
> 〈和訳〉
>
> 販売店は，本契約の期間中常に，テリトリー内において合理的に期待される注文に対し迅速に対応できるよう，本商品の十分な在庫を維持するものとする。❸本契約が終了又は期間満了した場合，その理由を問わず，サプライヤーは，販売店が在庫として保持している本商品について，買戻し又は補償する義務を負わないものとする。

> 販売店①
>
> ❶Upon termination or expiration of this Agreement for any reason, Supplier shall repurchase from Distributor the Products held by Distributor in inventory at ［the prices Supplier sold the Products to Distributor］.

154

〈和訳〉

❶ 本契約が終了又は期間満了した場合，その理由を問わず，サプライヤーは，販売店が在庫として保持している本商品につき，【サプライヤーが販売店に販売した価格】にて買い戻すものとする。

販売店②

❷ Notwithstanding any other provisions stipulated herein, upon termination or expiration of this Agreement for any reason, Distributor shall have the right to continue the sales of the Products held by Distributor in inventory at the time of termination or expiration for a period of ［ ］ months thereafter.

〈和訳〉

❷ 本契約の他のいかなる条項にもかかわらず，本契約が終了又は期間満了した場合，その理由を問わず，販売店は，その時点で在庫として保有している本商品につき，その後【 】か月の期間，継続して販売することができるものとする。

折衷①

With regard to the Products held by Distributor in inventory at the time of termination or expiration of this Agreement, ❹ Supplier shall choose either to a) repurchase the Products from Distributor at ［the book value］, or b) allow Distributor to continue the sales of the Products for a period of ［ ］ months thereafter.

〈和訳〉

本契約が終了又は期間満了した時点において，販売店が保持している本

第2編　契約類型別　各論

商品については，❹サプライヤーは，以下のいずれかを選択するものとする：a）かかる本商品を【簿価】にて買い戻す，又はb）契約終了後，【　】か月の期間，販売店に対し本商品を継続して販売することを認める。

折表②

Upon termination or expiration of this Agreement, Supplier shall have no obligation to repurchase or compensate Distributor for the Products held by Distributor in inventory, provided, however, ❺that in the event that the termination or expiration hereof is caused by the convenience of Supplier or due to any breach of Supplier's obligations hereunder, Supplier shall repurchase from Distributor the Products held by Distributor in inventory at the prices Supplier sold the Products to Distributor.

〈和訳〉

本契約が終了又は期間満了した場合，サプライヤーは，販売店が在庫として保持している本商品について，買戻し又は補償する義務を負わないものとする。ただし，❺本契約の終了又は期間満了が，サプライヤーの都合又は本契約におけるサプライヤーの義務の違反によって生じた場合は，サプライヤーは販売店から，販売店が在庫として保有する本商品を，サプライヤーが販売店に販売した価格にて買い戻すものとする。

折表③

Upon termination or expiration of this Agreement, Supplier shall repurchase from Distributor the Products held by Distributor in inventory at [the prices Supplier sold the Products to Distributor], provided, however, that

156

第3　販売店契約

❻ Supplier shall have no such obligation to repurchase the Products in the event that the termination or expiration hereof is caused by the convenience of Distributor or due to any breach of Distributor's obligations hereunder.

〈和訳〉

本契約が終了又は期間満了した場合，サプライヤーは，販売店が在庫として保持している本商品につき，【サプライヤーが販売店に販売した価格】にて買い戻すものとする。ただし，❻本契約の終了又は期間満了が，販売店の都合又は本契約における販売店の義務の違反によって生じた場合は，サプライヤーはかかる買戻しの義務を負わないものとする。

(5)　販売促進

Point

ローカル向け販促素材の管理と作成費用の負担について明確に取決めを。

　外国における販売店は，日本とは異なる販売促進素材（翻訳版を含む）を作成し，使用することが想定されます。サプライヤーとしては，それらをどこまで販売店の裁量に委ねるかを検討する必要があります。しっかりと管理するのであれば，❶全ての販促素材につき，事前にサンプルを提供させ，サプライヤーの承認を求めるべきです。また，それらの作成費用は，販売店が負担することが基本ですが，翻訳版などは知的財産権がサプライヤーに帰属するべきこととの兼ね合いから，サプライヤーが負担するという形もありうるため，念のため費用負担についても明記しておくことをお勧めします。

Sales Promotion

1. Distributor shall undertake to use its best efforts to promote the sales of the Products throughout the Territory at all times during the term of this

157

第2編　契約類型別　各論

Agreement. Costs for all marketing and promotion activities, including preparation of translated versions of promotional materials provided by Supplier, shall be borne by Distributor, unless otherwise agreed to between the Parties.

2. Supplier shall provide Distributor with necessary information and materials to enable Distributor to effectively promote the Products within the Territory.

3. ❶<u>Upon preparation of promotional materials for use in the Territory, Distributor shall provide Supplier with an adequate number of samples thereof and obtain Supplier's consent thereon in advance.</u>

〈和訳〉

販売促進

1．販売店は，本契約の期間中，テリトリー全体において，本商品の販売を促進するために最善の努力を行う。販売促進素材の翻訳版の準備を含む，全ての販売促進活動に関する費用は，両当事者が別途合意する場合を除き，販売店の負担とする。

2．サプライヤーは，販売店に対し，販売店がテリトリー内において本商品の販売促進を効果的に行うために必要な情報と素材を提供するものとする。

3．❶<u>テリトリー内で使用する販売促進素材を作成するに際しては，販売店は，事前に，サプライヤーに対し適切な数のサンプルを提供し，サプライヤーの承諾を得るものとする。</u>

(6)　競合品

Point

　競合品の取扱いの可否は両当事者にとって重要。独占禁止法も考慮。

158

第3　販売店契約

　サプライヤーとして，販売店における競合品の取扱いを制限したい場合，契約に明記する必要があります（何も記載がなければ制限はないものと解釈されます）。他方，販売店としては，競合品の取扱いが現にあるか，将来可能性がある場合は，それを制限されるおそれのある条項は断固拒否しなければなりません。競合品の取扱いを原則として制限しつつ，<u>現に取扱いがある商品など</u>❶<u>を具体的に除外</u>する方法もあります。なお，このような制限は，拘束条件付き取引として，独占禁止法上（販売店が所在する地域に適用される独占禁止法）の問題が生じる場合がありますので，具体的状況に即した検討が必要です。

サプライヤー

Competing Products

Within the Territory, Distributor shall not manufacture, sell, distribute, or act as agent to sell any product which is similar to or may directly or indirectly compete with the Products without the prior written consent of Supplier.

〈和訳〉

競合品

販売店は，テリトリー内において，事前にサプライヤーの書面による許可を得ることなく，本商品と類似し，あるいは直接的又は間接的に競合しうる商品を生産し，販売し，流通させ，又は代理店として活動してはならないものとする。

折衷

❶…except for the products set forth in Exhibit B.

159

第2編　契約類型別　各論

〈和訳〉

…ただし，別紙Bに記載された商品を除く。❶

(7)　再販売価格

Point

販売店契約では，再販売価格の拘束は原則として不可。

　代理店契約では，売買契約はサプライヤーと顧客との間に成立し，代理店は在庫を負担することなくコミッションを得るのみであることから，顧客への販売価格はサプライヤーが決めることができます。しかし，販売店が在庫を抱える販売店契約では，顧客への再販売価格は，販売店の裁量で決定することが基本であり，これをサプライヤーが拘束すれば，独占禁止法（販売店が所在する地域に適用される独占禁止法）に違反する可能性が高くなります。

　とはいえ，サプライヤーとしては，再販売価格に可能な限り関与したいところです。また，商品を安価でたたき売られ，ブランドのイメージが低下することも避けたいです。そこで，以下では，サプライヤーの再販売価格への関与について一案を記載しています。ただし，独占禁止法の抵触は実質基準で判断されるため，実質的に再販売価格が拘束されていると評価されればやはり違法となる可能性がありますので，具体的事情に即して確認の上で運用してください。

サプライヤー

Resale Price

Upon Supplier's reasonable request, Distributor shall disclose the resale prices of the Products to Supplier. If any reasonable opinion is given by Supplier regarding the resale prices, Distributor will take such opinion into consideration upon setting the resale prices. In any case, Distributor shall make its best efforts to maintain competitive prices of the Products and not

第3　販売店契約

to set such prices that may degrade the brand image of the Products.

〈和訳〉

再販売価格

販売店は，サプライヤーの合理的な求めがあったときは，本商品の再販売価格をサプライヤーに開示するものとする。販売店は，サプライヤーから再販売価格について合理的な意見があったときは，その設定においてこれを考慮する。販売店は，いかなる時も，本商品について競争力のある価格を維持し，また本商品のブランドイメージを低下させる価格を設定しないよう，最大限の努力をするものとする。

(8)　知的財産

Point

　　知的財産権の帰属主体の確認，及び第三者の知的財産権の侵害に備えた規定は，販売店契約においても必須。

　まず，サプライヤーの立場から，商品に関する知的財産権が全てサプライヤーに帰属している旨を確認的に記載することが望まれますが，この点は第2編第2「売買契約・供給契約」2⒀の解説をご参照ください。

　また，商品が第三者の知的財産権を侵害する場合に備える条項についても，同様に「売買契約・供給契約」の解説をご参照ください。なお，この点の重要性は，販売店が経営資源を投下して継続的に取引することが前提の販売店契約では，格段に増します。

　ここでは，これらの条項に加え，販売店契約において特に付加を検討するべき条項について述べます。

Point

　　サプライヤーは，販売店による知的財産権の勝手な登録や変更を防止。

　商品やサプライヤーの営業に関する知的財産権はサプライヤーに帰属する

161

第2編　契約類型別　各論

ことが通常であり，サプライヤーの立場からは，テリトリーを含めた外国に
おいてそれらを登録する場合も，サプライヤーの名において行うべきです
（時折，登録コストなどの観点から，テリトリー内での登録を販売店に行わせようとする
例を散見しますが，販売店に知的財産権を取得されると，契約を解消するときにそれを取
り戻さねばならず，その後の活動の支障となりかねませんので，サプライヤーは自ら登録
するべきです）。販売店の中には，善意か悪意か，販売店の名において登録し
てしまうケースもありますので，そのようなことがないよう，念のため禁止
を明文化しておくことをお勧めします。

　また，サプライヤーの立場からは，商品上の表示などを，販売店が勝手に
除去や変更してしまうことも原則として禁止しておくことが望ましいです。

> **サプライヤー**
>
> **Intellectual Property**
>
> Distributor shall not register or cause any third party to register as its
> property any of the intellectual property of Supplier or any other
> technologies, characters, marks, logos, symbols, or designs similar thereto,
> whether within or outside the Territory, regardless of what they are called.
>
> 〈和訳〉
>
> **知的財産**
>
> 販売店は，サプライヤーの知的財産又はこれと類似する何らかの技術，
> 文字，図形，ロゴ，記号又はデザインを，テリトリーの内外及び権利の
> 呼称を問わず，自らその財産として登録してはならず，又は第三者をし
> て登録させてはならない。

> **サプライヤー**
>
> Distributor shall not remove, conceal or modify any description or

---

162

第3 販売店契約

information placed on the Products as supplied by Supplier without the prior written consent of Supplier, unless Distributor is required to do so to comply with mandatory laws or regulations or to avoid any actual or possible infringement of the intellectual property of a third party in the Territory.

〈和訳〉

販売店は，サプライヤーの事前の書面による承諾なしに，サプライヤーから供給された本商品上の表示又は情報を除去し，隠し，又は変更しないものとする。ただし，販売店において，強制法令の順守のため，又はテリトリー内における第三者の知的財産の実際の侵害又は侵害の可能性を回避するため，必要とされる場合は別とする。

Point

サプライヤーは，販売店に対し，知的財産の侵害に関する監視と対応への協力を求めよ。

サプライヤーの知的財産が第三者によって侵害されていないこと，また逆に商品が第三者の知的財産を侵害していないことを確保することは，両当事者にとって重要です。この点，サプライヤーとしては，外国における侵害状況を確認し，また対応することは容易でないといえます。そこで，販売店に対して，そのような知的財産の侵害状況を注視させることが考えられます。

サプライヤー

Distributor shall constantly monitor the market to ensure that there is no infringement of the intellectual property of Supplier by any third party and no infringement of the intellectual property of any third party by the Products in the Territory. If any potential or alleged infringement is

163

第2編　契約類型別　各論

discovered, Distributor shall immediately inform Supplier and assist Supplier in responding to such infringement.

〈和訳〉

販売店は，テリトリー内において，サプライヤーの知的財産が第三者により侵害されていないこと，また本商品が第三者の知的財産権を侵害していないことを確保するため，絶えず市場を監視するものとする。販売店は，何らかの侵害の可能性又は侵害の主張を発見した場合，直ちにサプライヤーに通知し，サプライヤーがかかる侵害に対応するにあたり協力するものとする。

(9)　報　告

Point

サプライヤーは，販売店に対し，定期的な活動報告の義務付けを。

間接的な進出形態である販売店方式において，販売店の報告は，サプライヤーとして販売店の販売や活動の状況を把握する基本的な手段としてとても重要です。したがって，サプライヤーは，十分な頻度で，またサプライヤーの求めに応じたタイミングと内容において販売店から報告を得られるよう，明記することが大切です。

サプライヤー

Report

On a ［monthly］ basis and upon Supplier's request, Distributor shall submit to Supplier sales and activity reports describing information as instructed by Supplier.

〈和訳〉

第3 販売店契約

報告

【毎月】及びサプライヤーの求めに応じ，販売店は，サプライヤーに対し，サプライヤーが指示する情報を記載した販売・活動報告を提出するものとする。

⑽ 監 査

Point

> サプライヤーは，できるだけ広い監査権の確保を。販売店は，業務への影響や情報の流出に注意を。

　サプライヤーとして，販売店の活動報告に疑義がある場合や，販売店の財務状況に不安が生じた場合，販売店に対して実効的なモニタリングをするためには，販売店に対し，財務諸表や契約の履行に関する書類を提出させたり，状況によっては販売店の事業所に立ち入って監査することが必要となるかもしれません。そこで，いざというときに備えて，できるだけ広い監査権を確保しておくことが望ましいです。なお，販売店の決算書については，定期的に提出させる運用も有益です。

　他方，販売店としては，ある程度の情報提供には応じざるを得ないとしても，財務状況を含めた社内の情報はできるだけ外部に出したくないところであり，また事業所への立入りによって通常業務に支障が出ることは避けたいです。そこで，<u>サプライヤーの監査権の発動に合理性を求めたり，事業所への立入りに際しては事前の承諾を求めつつ，業務の妨害にならないことを条件とすること</u>❶が考えられます。

サプライヤー

Audit

Upon Supplier's audit request, Distributor shall promptly submit to Supplier documents and data relevant to the performance under this Agreement and

165

第2編　契約類型別　各論

the latest financial statements of Distributor. Supplier shall also have the right to enter into Distributor's premises upon reasonable notice to audit compliance with this Agreement.

〈和訳〉
監査
サプライヤーの監査請求があるときは，販売店は，サプライヤーに対し，速やかに，本契約の履行に関する書類とデータ，及び販売店の最新の財務諸表を提出するものとする。また，サプライヤーは，合理的な通知をすることにより，本契約の順守を監査するため，販売店の事業所に立ち入る権利を有するものとする。

販売店

Upon Supplier's reasonable❶ audit request, Distributor shall without delay submit to Supplier documents and data relevant to Distributor's performance under this Agreement and its latest financial statements. Also, Supplier shall have the right to enter into Distributor's premises to audit compliance with this Agreement during ordinary business hours in a❶ manner not to hinder Distributor's business operations upon prior consent of Distributor.

〈和訳〉
サプライヤーの合理的な❶監査請求があるときは，販売店は，サプライヤーに対し，遅滞なく，本契約の履行に関する書類とデータ，及び販売店の最新の財務諸表を提出するものとする。また，サプライヤーは，販❶売店の事前の承諾を得ることにより，通常の業務時間において，販売店の業務運営を阻害しない方法で，本契約の順守を監査するため，販売店

166

第3　販売店契約

の事業所に立ち入る権利を有するものとする。

⑾　法令順守

Point

　　サプライヤーは，法令順守や許認可の取得について，販売店の責任を
明確に。

　サプライヤーとして，自社の看板を掲げている販売店に適用法令を順守し
てもらうべきことは当然です。この点，テリトリー内における輸入や販売活
動のために，現地法において登録や許認可が必要とされる場合には，あらか
じめ調査の上，その責任分担を明確にしておくべきです。販売店の立場から
は，それらの登録や許認可の取得に際しサプライヤーの協力が必要となる場
合は，その旨を明確にしておくことが望まれます。

サプライヤー

Compliance with Laws

Distributor shall comply with all applicable laws and regulations in the
course of performance of this Agreement and shall be responsible for filing,
obtaining and maintaining all registrations, licenses and permits which are
necessary for the importation, promotion, sales and distribution of the
Products in the Territory.

〈和訳〉

法令順守

販売店は，本契約の履行の過程において，適用される全ての法令を順守
するとともに，テリトリー内において本商品を輸入，販売促進，販売及
び流通するために必要な全ての登録及び許認可の申請，取得及び維持に
ついて責任を負うものとする。

167

第2編　契約類型別　各論

Point

〈贈収賄等の禁止〉　海外の贈収賄禁止関連法令に注意。

　法令違反の中でも，マネーロンダリングやテロリズムといった重大犯罪への関与はもってのほかですが，外国公務員等への贈収賄に関する規制に違反した場合のペナルティは甚大です。各国が独自に外国公務員等への贈収賄を規制する法令を設けているところ（日本では不正競争防止法第18条），販売店の所在国の法令を順守するべきことはもちろんですが，それ以外の国の法令が域外適用される可能性にも注意しなければなりません。代表的な例は，米国の連邦外国腐敗行為防止法（Foreign Corrupt Practices Act）や英国の賄賂防止法（Bribery Act）であり，これらは米国や英国の国外であっても，米国や英国が何らかの関与をしている取引において，外国公務員等への贈収賄があった場合，米国や英国の当局が域外においても取締りを行うことができるとされ，実際に日本企業が海外において摘発を受けて身柄拘束される事案も報告されています。

　これらの法令は，自社が行う場合はもちろん，販売店や代理店が行う場合，例えば，現地での許認可を円滑に取得するために販売店が公務員に金銭を与えたりすれば，それが販売店独自の判断によるものであっても，サプライヤーである自社も責任を問われかねません。そのようなことがないよう，これらの法令については，具体的に順守を求める旨を記載することが望まれます。

　なお，ここでは簡易な文例を紹介しますが，贈収賄などのリスクが高い場合などは，禁止される具体的な行為を例示することもあります。

Distributor represents and warrants that neither it, nor any of its directors, officers, agents, stockholders or employees acting on behalf of Distributor, has taken or will take any action that will cause Supplier or its affiliates to be in breach of any applicable laws for the prevention of fraud, bribery, corruption, money laundering or terrorism, including but not limited to the U.S. Foreign Corrupt Practices Act, as amended, and the U.K. Bribery Act

第3　販売店契約

2010, as amended.

〈和訳〉

販売店は，自ら，又は販売店のために活動するその取締役，役員，代理
人，株主又は従業員において，サプライヤー又はその関連会社が，詐欺，
贈収賄，腐敗，マネーロンダリング，又はテロリズムを防止するための
適用法令（米国のForeign Corrupt Practices Act, 英国のBribery Act 2010, それ
らの改正法を含み，それらに限られない）に違反することになるいかなる行
為も行っておらず，また行わないことを表明し，保証する。

⑿　契約終了時の措置

Point

契約終了時には販売店の権利が失われることを確認的に記載。

販売店契約が終了すれば，販売店としての表明や，サプライヤーの商標な
どの使用はできなくなりますが，その旨を確認的に記載します。

Upon termination or expiration of this Agreement for any reason,
Distributor shall immediately cease to represent itself as Supplier's
distributor and shall cease use of all patents, trademarks, utility models,
copyrights, logos, tradenames and all other intellectual property of Supplier
granted hereunder.

〈和訳〉

本契約が理由の如何を問わず終了又は期間満了したときは，販売店は，
直ちに，自らがサプライヤーの販売店であるという表明，及び本契約に
おいて許諾されているサプライヤーの特許，商標，意匠，著作権，ロゴ，
商号，その他全ての知的財産の使用を中止するものとする。

169

第２編　契約類型別　各論

⒀　契約終了時の補償

Point

　サプライヤーは，契約終了時の補償義務がないことを明記。販売店は，可能であれば補償の可能性を記載し，それが叶わない場合はサイレントに。

　販売店契約のような継続的な契約が一方の当事者の都合で終了すると，それによって他方の当事者に損失が生じ，その補償を巡ってトラブルになる場合があります。典型的には，サプライヤーが期間満了をもって契約を終了させようとしたものの，販売店は契約がその後も長期的に更新，継続することを期待しており，既に行った投資が無駄になったり，販売店が開拓した販路や営業権を失うため，その補償をサプライヤーに求める場面があります。また，サプライヤーが，販売店との契約は解除する一方で，自ら当該テリトリー内に子会社などの拠点を設立し，自社のルートで販売を行う形に切り替えようとする場合，販売店としては，それまでに努力して開拓した商圏をサプライヤーに横取りされる感覚となるため，引継ぎに支障が生じたりします。

　このような問題は，日本法では継続的な契約の終了というカテゴリーにて論じられ，裁判例の蓄積もあり，状況によっては補償が認められる場合もあります。他国の法律でも同様の請求が認められうるところであり，例えば，英米法ではGoodwill Indemnityといった概念で営業権の補償が認められる場合があり，また代理店契約に関するものですが，ベトナムでは，サプライヤーが解除した場合は，原則として，代理店は契約期間に応じた補償を請求する権利があるとされています（ベトナム商法177条２項）。

　そこで，サプライヤーとしては，❶契約がどのような理由で終了しても，そのような補償は一切しない旨を定めておくことが望ましいです。

　他方，販売店としては，逆に，❷サプライヤー側の事情で契約が終了する場合は補償してもらえるよう定めることが理想です。ただ，実際にそのような条項を受け入れるサプライヤーは稀と思われます。その場合，販売店としては，最終的に，せめて補償しない旨の定めを削除するように申し入れましょ

170

第3　販売店契約

う。何も記載がなければ，適用法令のデフォルトルールによって，補償が認められる可能性が出てくるからです。

　以下では，折衷案として，❸主語を各当事者として双務とした上で，相手方の重大な契約違反によって解除された場合に限定し，また補償についても実際に生じた損失についての協議の義務のみを定める例を紹介しておきます，

サプライヤー

❶
In the event of termination or expiration of this Agreement for any reason, Supplier shall have no obligation to indemnify Distributor or its affiliates against any loss of goodwill, loss of business, loss of profits, damage, cost or expense, that Distributor may incur in relation to the termination or expiration, regardless of how it is called.

〈和訳〉

❶
理由の如何を問わず本契約が終了又は期間満了した場合，サプライヤーは販売店に対し，名目の如何を問わず，終了又は期間満了によって販売店に生じうる営業権の損失，機会損失，逸失利益，損害又は費用に対し，補償をする義務を何ら負わないものとする。

販売店

❷
In the event that this Agreement is terminated or expires by the convenience of Supplier or due to any breach of Supplier's obligations hereunder, Supplier shall indemnify and hold harmless Distributor against the reasonable loss of goodwill, loss of business, loss of profits, damage, cost or expense that Distributor may suffer in relation to the termination or expiration.

171

第2編　契約類型別　各論

〈和訳〉

❷
本契約が，サプライヤーの都合又はサプライヤーの本契約における義務
違反を理由として終了又は期間満了となる場合は，サプライヤーは，販
売店に対し，販売店が終了又は期間満了に関連して被りうる合理的な営
業権の損失，機会損失，逸失利益，損害又は費用を補償するものとす
る。

折衷

In the event that this Agreement is terminated by one Party due to a material
breach by the other Party hereunder, the breaching Party shall discuss with
the terminating Party in good faith about providing reasonable
indemnification to the terminating Party for the loss of goodwill, loss of
business, loss of profits, damage, cost or expense that the terminating Party
actually suffers in relation to the termination caused by the breach.

〈和訳〉

❸
本契約が，一方当事者の本契約における重大な違反を理由として他方当
事者によって解除される場合は，違反した当事者は，解除する当事者と
の間で，解除する当事者が違反による解除に関連して実際に被る営業権
の損失，機会損失，逸失利益，損害又は費用の合理的な補償について誠
実に協議するものとする。

172

第4 代理店契約

① 代理店契約の概要

Point

代理店契約 ＝ サプライヤーと顧客との売買契約 ＋ ブランド等のライセンスに基づく代理店への業務委託

　販売店がサプライヤーから商品を買い取り，法律上は自らの名義で再販売をする販売店契約に対し，代理店契約では，商品の売買契約はサプライヤーと顧客との間で直接成立し，代理店はこれを取り次ぐ役割となります。どちらの契約であるかを明確にするため，個別契約の成立に関する部分など，文言上も，これらの根本的な違いを意識した記載とするべきです。

　販売店にとっての利益は，商品の仕入価格と再販売価格の差益ですが，代理店にとっての利益は，取次業務についての手数料・コミッションとなります。そして，代理店に期待される業務には幅がありますので，具体的にどのような業務を行うか，明確にすることが大切です。

　その中でも，代金の集金代行業務は，特に重要です。代理店は，販売店のように自らが対価を払うわけではなく，買主である顧客が支払う対価の集金を取り次ぐにすぎないため，支払のフローはいくつかのパターンがあります。そのフローの中で，代理店へのコミッションがどのタイミングでどのように支払われるのかも明確に定めることとなります。なお，販売店契約と異なり，代理店契約では，商品の顧客に対する販売価格をサプライヤーが決定することにつき，独占禁止法上（再販売価格の拘束）は問題となりません。

　代理店は，在庫負担を負うことはなく，商品を管理することはあっても，それはサプライヤーの資産を預かっていることになります（善管注意義務を負

第2編 契約類型別 各論

います)。そのため，契約終了時における在庫の買取りという問題は生じません。

このように，代理店契約は，販売店契約と対比しますと，売買契約がサプライヤーと顧客との間で成立し，サプライヤーはその取次業務についての委託を受けるという性質の違いに伴い，形式が異なり，また別のポイントが出てきますが，その他の点については，販売店契約におけるのと同様の視点が妥当します。すなわち，対象商品の明確化，テリトリー，独占権，二次店の可否，サプライヤーによる販売の可否，最低販売数（ただし，代理店の購入義務という観点はなくなります），競合品の取扱い，監査，法令順守，知的財産，契約終了後の措置，契約終了時の補償などについての基本的な考え方は，販売店契約と同様です。

そのため，以下においては，代理店契約に特有の条項を中心に解説し，販売店契約とポイントが共通する点については，簡単に形式的な違いのみを紹介するか，又は割愛しますので，販売店契約の解説をご覧いただき，条項例はDistributorをAgentと置き換えてご参照ください。

② 条項例

⑴ 代理店としての指名

Point

> 対象商品，テリトリー，独占権，二次店の可否，及びサプライヤーによる販売の可否を明確化すべきは，販売店契約と共通。

サプライヤーの代理店として活動できる対象商品及びテリトリー，独占権の有無とその内容，代理店が二次代理店を設置できるか否か，及びテリトリー内においてサプライヤー自身が当該商品を販売できるかという諸点を明確にするべきこと，またそれらの交渉のポイントは，販売店契約にて解説した内容が妥当します。以下では，標準的な指名条項のみを紹介しますので，その他は販売店契約の解説をご参照ください。

174

第4 代理店契約

Appointment as Agent

Supplier hereby appoints Agent as its agent to promote and sell the products specified in Exhibit A attached hereto（the "Products"）on behalf of Supplier within the territory set forth in the next paragraph（the "Territory"）based on the terms and conditions of this Agreement. Supplier also grants Agent the right to use Supplier's intellectual property such as patents, trademarks, utility models, copyrights, logos, and trade names, for and only to the extent of the performance of Agent's rights and obligations hereunder. The Agent's right set forth above shall be granted on［an exclusive / a non-exclusive］basis.

〈和訳〉

代理店としての指名

　サプライヤーは，本契約をもって，代理店を，本契約に定める条件に従い，次項に定める地域（「テリトリー」という）内において，別紙1に規定される商品（「本商品」という）をサプライヤーのために販売及び販売促進する代理店として指名する。また，サプライヤーは，代理店に対し，代理店が本契約における権利及び義務の履行のため，その範囲に限り，サプライヤーの特許，商標，意匠，著作権，ロゴ，及び商号を含む知的財産権を使用する権利を付与する。上記の代理店の権利は，【独占的に／非独占的に】与えられるものとする。

(2)　最低販売数量

Point

〈独占的契約〉　主に独占権との関係において，最低販売数量とその効果を定めるべきは，販売店契約と共通。ただし，代理店に購入義務を課すことはできない。

175

第2編　契約類型別　各論

　代理店に独占権を与える場合，サプライヤーとしては，代理店の活動に不満足であれば他のルートで販売できるよう契約を設計しておくべきという考え方は，販売店契約と共通です。そして，その最も効果的で一般的な方法は，やはり最低販売数量を定めることです。なお，代理店は，商品を自ら購入せず，サプライヤーに代わって売るだけですので，最低購入数量ではなく最低販売数量という文言が適します。

　代理店が最低販売数量を達成できない場合の効果を定めるべき必要性とその考え方も，基本は販売店契約と同じです。ただし，代理店は，商品の在庫を抱えることが想定されていませんので，不足分の購入義務を課すことはできません。代わりに金銭的な補償を求める選択肢もあるにはありますが，通常は代理店の理解を得ることは困難といえます。したがって，最低販売数量を達成できない場合の現実的な対応としては，サプライヤーによる契約全体の解除か，独占権のみの解除が考えられることになります。

　以下は，上記の形式的な違いを意識した条項例の一部を紹介しますので，販売店契約における解説と条項例を併せてご参照ください。

サプライヤー

Minimum Sales Requirement

Agent agrees upon the minimum amount to sell the Products per year at the total price of ［　］（the "Minimum Sales Amount"）. In the event that Agent fails to sell the Minimum Sales Amount, Supplier may forthwith a）terminate the Agreement, or b）cancel the exclusive right granted to Agent hereunder, by giving written notice to Agent.

〈和訳〉

最低販売義務

代理店は，１年間に最低，合計額【　】の本商品を販売することに合意

第4　代理店契約

する（「最低販売数量」という）。代理店が最低販売数量を販売できないときは，サプライヤーは，直ちに，販売店に対して書面にて通知することにより　a）本契約を解除するか，又はb）本契約において代理店に付与された独占権を解除することができるものとする。

折衷

Sales Target

The Parties agree that the target amount for Agent to sell the Products during the first year of this Agreement shall be the total price of ［　］ (the "Sales Target"). If the Sales Target for the first year is satisfied, the exclusive right granted to Agent hereunder shall continue for at least ［three (3)］ years. If the Sales Target for the first year is not satisfied, Supplier may cancel the exclusivity by giving written notice and thereby the Agent's right to sell the Products hereunder may continue on a non-exclusive basis.

〈和訳〉

販売目標

両当事者は，本契約の最初の1年間において，代理店が合計額【　】の本商品を販売することを目標とすることに合意する（「販売目標」という）。初年度の販売目標が達成された場合，本契約において代理店に付与された独占権は，少なくとも【3】年間，継続するものとする。初年度の販売目標が達成されない場合，サプライヤーは書面による通知をもって独占権を解除できるものとし，その場合，代理店の本契約における販売権は，非独占にて継続する。

177

第２編　契約類型別　各論

Point

〈非独占的契約〉　非独占的代理店において，最低目標の設定を検討すべきことは，販売店契約と共通。

　サプライヤーの立場からは，代理店契約が非独占的であっても，あまり業績の悪い代理店をサプライチェーンに残しておくことは望ましくないことがありますので，代理店に緊張感をもたせる意味でも，最低目標を定めて契約更新の判断要素とすることは有益です。この点の考え方も販売店契約と同様です。

[サプライヤー]

Minimum Target

Agent agrees that the target amount to sell the Products during the initial effective term of this Agreement shall be the total price of [　](the "Minimum Target"). If Agent fails to achieve the Minimum Target, Agent understands that Supplier may choose not to renew the Agreement upon the expiry thereof for such reason, provided that, for the avoidance of doubt, the renewal of the Agreement shall not be guaranteed even if the Minimum Target is achieved.

〈和訳〉

最低目標

代理店は，本契約の最初の有効期間中，合計額【　】の本商品を販売することを目標とすることに合意する（「最低目標」という）。代理店が最低目標を達成できない場合，代理店は，サプライヤーが，そのことを理由として，本契約の期間満了時において本契約を更新しない判断をするかもしれないことを理解する。ただし，誤解を避けるために述べると，最低目標が達成された場合でも，本契約の更新は保証されないものとする。

178

第4　代理店契約

(3)　インセンティブ目標

Point

　独占，非独占いずれにおいても，代理店のためにインセンティブ目標を設定することは，双方にとって有益となりうる。

　販売店契約と同じように，代理店契約においても，代理店にとってのインセンティブ目標を定め，それを達成すればより代理店にとって有利な条件とすることは，両当事者にとってメリットとなりえます。この仕組みは，独占，非独占，いずれの契約でも機能します。

　代理店にとっての有利な条件とは，通常はコミッションの割合の増加ですので，以下ではその点を反映した一例を紹介します。その他のオプションについては販売店契約の章をご参照ください。なお，この条項は，コミッションの部分に併せて記載する方がわかりやすい場合もあります。

Incentive Target

The Parties agree to set the incentive target amount for Agent to sell the Products during each fiscal year of this Agreement as described in Exhibit D（the "Incentive Target"）, which may be amended by written agreement between the Parties. If the Incentive Target for one fiscal year is achieved, Supplier agrees to apply the increased rate of ［　］% for the Commission paid by Supplier to Agent for sales of the Products made during the subsequent fiscal year.

〈和訳〉

インセンティブ目標

両当事者は，本契約の各会計年度において代理店が販売する本商品について，インセンティブ目標（「インセンティブ目標」という）を，別紙D（両当事者の書面による合意によって修正されることがある）のとおり定めることに

179

第2編　契約類型別　各論

合意する。ある会計年度についてインセンティブ目標が達成されたとき
は，サプライヤーは，翌会計年度の間になされる販売についてサプライ
ヤーから代理店に支払うコミッションを，増額した割合である【　】%
とすることに合意する。

(4)　個別契約の成立

Point

代理店契約では，顧客との売買契約はサプライヤーとの間で成立する。

代理店契約においては，代理店は，サプライヤーと顧客との取引の取次を
する役割ですので，顧客との売買契約は，法的にはサプライヤーとの間で成
立します。この点は販売店との形式的な違いとなりますので，条項上も明確
にする必要があります。

サプライヤーとしては，自らが売主になる契約ですので，❶顧客から提出し
てもらう注文書は，自社の所定フォームを使用するよう決めた方がトラブル
の防止になります。

サプライヤーは，注文を直接受諾するのではなく，代理店にサプライヤー
に代わって注文を受諾する（サインをする）権限を与えることも可能です。そ
の場合は，サプライヤーとしてはもちろんのこと，代理店としてもサプライ
ヤーとの認識のすれ違いを避けるため，❷個別の取引について，サプライヤー
による内容の確認と権限の付与を明確にした上で行うことが重要です。

Individual Contracts

Orders from customers shall be placed ❶using the form designated or
approved by Supplier describing necessary information such as
specifications and quantities of the Products and places of delivery. Such an
order placed by the customer, when expressly accepted by Supplier in
writing, shall constitute an individual contract（"Individual Contract"）

180

第 4　代理店契約

between Supplier and the customer.

〈和訳〉

個別契約

顧客からの注文は，本商品の仕様及び数量，納入場所等の必要事項を記
載した，❶サプライヤーが指定又は承認するフォームを使用して行われる
ものとする。そのように顧客からなされた注文は，サプライヤーが明示
的に書面をもって承諾した時点で，サプライヤーと顧客との間に個別契
約（「個別契約」という）を構成するものとする。

For each Individual Contract, Supplier may authorize Agent to accept an
order from a customer as a legal representative of Supplier. In such case,
❷the authorization to Agent and confirmation of the contents of the order
shall be expressly given by Supplier in writing in advance for each
respective Individual Contract.

〈和訳〉

各個別契約について，サプライヤーは代理店に対し，サプライヤーの法
的代理人として顧客からの注文を受諾する権限を付与することができる。
その場合，❷代理店への権限付与及び注文内容の確認は，当該個別契約に
つき，サプライヤーから事前に書面によって明示的になされなければな
らない。

Point

> 顧客に対する重要事項の伝達は，サプライヤーの承諾を前提に。

　サプライヤーとしては，代理店が引き合いを受けた場合のフローを明確に
しておくとともに，代理店が勝手に見積りの提出や商品の品質等に関する断

181

第2編　契約類型別　各論

定的な表明をすることのないよう統率することが望ましいです。代理店は，顧客に対する営業トークの中で，商品の価格，性能，納期などについて肯定的な説明をすることが想定されますが，それが断定的な形でなされてしまうと，サプライヤーとして承認していないことであっても，顧客に対しては代理店の表明に従って責任を負わざるを得ない場合が生じえます（そのような場合は，サプライヤーが代理店に対して責任を問うことになります）。代理店としても，サプライヤーが対応できない事柄を顧客が前提としてしまうと，せっかく注文を取ってもトラブルの元となってしまいますので，重要事項については必ずサプライヤーの承諾を得た上で顧客に伝達していくべきです。

Upon receipt of any request for estimate, order, or other inquiry from a customer or a potential customer within the Territory with regard to the Products, Agent shall promptly notify Supplier in writing and follow Supplier's instructions. Without the prior written consent of Supplier, Agent shall not be authorized to provide any estimate, accept any order, make any guarantee regarding the Products, make assertive or conclusive representations about specifications, quality, delivery terms or make any other representations regarding the Products.

〈和訳〉

代理店は，テリトリー内に所在する顧客又は潜在顧客から本商品に関する見積り依頼，注文，その他の問合せを受けたときは，速やかにサプライヤーに書面で報告し，サプライヤーの指示に従うものとする。代理店は，サプライヤーの明示的な事前の承諾なく，見積りの提供，注文の承諾，本商品に関する保証，あるいは本商品の仕様，品質，納期その他に関する断定的又は決定的な表明を行ってはならない。

182

第4　代理店契約

(5)　コミッション

Point

> コミッションは，それが発生する条件（代金回収リスクの分担）及び取引の範囲（特に契約終了後）を明確に。

　コミッション（手数料）は，代理店の活動の結果として成立した契約について発生するものといえますが，その発生する条件と範囲は曖昧になりがちであり，これを明確にすることは両当事者にとって重要です。

　まず，サプライヤーとしては，サプライヤー独自の活動の成果に対してまでコミッションを請求されることを防ぐため，コミッションは，あくまで契約期間中の代理店の貢献の結果として締結された個別契約に基づく支払についてのみ発生する旨を明確にすることをお勧めします。

　次に，コミッションが発生するタイミングについては，(ア)個別契約の成立時点（支払を問わず），(イ)個別契約に基づく支払が一部でもなされた時点，(ウ)個別契約に基づく支払の全部がなされた時点の3パターンが理論的に考えられます。これは，個別契約成立後の代金回収のリスクをどちらが負うか，という問題といえます。代理店は，通常は代金回収の責務も負っているといえますので，その業務が完了していない段階での(ア)は極めて代理店に有利であるため，一般的ではないといえますが，例えばサプライヤーにおいて代金を直接受領する場合に，代理店が代金未払はサプライヤーの責任であるとしてコミッションの支払を求めてくるような事態を避けるため，サプライヤーとしてはあくまで支払が得られないとコミッションが発生しない旨を明確にしておきたいところです。また，代金の支払がなされても，それが一部でしかない場合に，あくまで全額が支払われるまでコミッションは発生しないのか，あるいは一部であっても都度コミッションが発生するのか，明らかにするべきです。

　また，代理店契約の終了後に，契約期間中に締結された個別契約の履行として代金の支払がなされる場合や，契約期間中の代理店の活動の成果として個別契約が締結される場合に，コミッションが発生するかも，重要なポイン

183

第2編　契約類型別　各論

トです。前者については，コミッションを発生させるケースが多いといえま
すが，代理店の立場からはそれを念のため明記しておきたいです。後者につ
いては，サプライヤーとしては，条件が曖昧になりやすいこともあり，コ
ミッションの発生を阻止したい（あくまで契約期間中に締結された個別契約に基づ
く支払に限定）ところですが，代理店としては，❺契約が終了した後にサプライ
ヤーと顧客が直接締結する契約であっても，それが自らの契約期間中の貢献
による場合は，コミッションを得たいところです。もっとも，そのような取
決めをするとしても，何をもって貢献というのかという実質的な判断は難し
いため，例えば，❻契約期間中に代理店が紹介した顧客との間で一定期間内に
締結した契約は，代理店の活動の結果とみなす，といった文言を加えること
が考えられます。

　なお，コミッションの計算根拠となる金額が，消費税やそれに類するもの
を含むか否か（通常は含まないとします）についても，明記しておくことをお勧
めします。

Commission

Agent shall be entitled to receive as commission the amount equivalent to
［　］% of the net sales price（excluding consumption tax, value-added tax or
goods and services tax）of the Products sold through Agent（the
"Commission"）.

〈和訳〉

コミッション

代理店は，代理店を経由して販売された本商品の正味販売価格（消費税，
付加価値税又は物品サービス税を除く）の【　】％に相当する額を，コミッ
ションとして受領する権利を有する（「コミッション」という）。

184

第4　代理店契約

サプライヤー

The Commission shall accrue **①** on the conditions that the Individual Contract for the Products has been concluded during the effective term hereof in accordance with Article ［　］ as a result of Agent's activities hereunder and **②** ［Supplier/Agent］ receives the full amount of the payment price for the Products from the customer.

〈和訳〉

コミッションは，**①** 本商品に関する個別契約が，本契約の有効期間中に，代理店の本契約における活動の結果として，第【　】条に従って締結され，**②**【サプライヤー／代理店】が，顧客から本商品の代金の全額を受領することを条件として，発生するものとする。

代理店①

The Commission shall accrue **③** from each payment of the prices made by the customer to ［Supplier/Agent］, whether in whole or in part, in relation to Agent's activities hereunder.

〈和訳〉

コミッションは，本契約における代理店の活動に関連して，**③** 顧客から【サプライヤー／代理店】に対して代金の全部又は一部が支払われる都度，発生するものとする。

代理店②

Agent shall also be entitled to the Commission for any payment of the

185

第2編　契約類型別　各論

prices made by customers ❹even after any termination of this Agreement to the extent that such payment is made as performance under （i）any Individual Contract executed during the effective term hereof or （ii）❺any contract which Supplier executes with a customer after any termination hereof as a result of Agent's activities hereunder. For purposes of this clause, ❻any contract which Supplier executes within ［　］ months after any termination hereof with such customer that Agent introduced during the effective term hereof shall be deemed to be made as a result of Agent's activities hereunder.

〈和訳〉

代理店は，❹本契約のいかなる終了後であっても，（i）本契約の有効期間中に締結された個別契約，又は(ii)❺本契約における代理店の活動の結果として本契約の終了後にサプライヤーが顧客と締結する契約の履行としてなされる代金の支払である限り，かかる支払に対するコミッションを受領する権利を有するものとする。本条の目的において，❻代理店が本契約の有効期間中に紹介した顧客との間で，サプライヤーが本契約の終了後【　】か月以内に締結する全ての契約は，本契約における代理店の活動の結果であるとみなすものとする。

(6)　価格と支払

Point

〈価格〉　価格はサプライヤーに決定権あり。代理店は価格の変更による混乱を回避せよ。

代理店契約では，顧客に対する売主はサプライヤー自身であるため，顧客に対する販売価格はサプライヤーが決定します。この点，再販売価格の拘束が独占禁止法に抵触するおそれのある販売店契約と大きく異なります。以下

186

第4　代理店契約

では，**❶サプライヤーは，見積りの都度，価格を自由に決められる**という例を示します。

　もっとも，他方で代理店としては，価格が流動的であると営業活動に支障が出ますので，できるだけ**❷価格は固定した上で，変更される場合も余裕をもって通知してもらう**ことが望まれます。また，従前の価格リストに従った見積書を顧客に対し提供した後に価格が変更されると混乱が生じうるため，**❸価格の変更通知前に従前の価格リストに従った見積書が提出されている場合は，従前の価格が適用される**と定めることも考えられます。

サプライヤー

Price
❶
Prices of the Products to be sold to customers shall be determined by Supplier at its sole discretion each time it provides estimates taking economic conditions, currency exchange rates, prices of raw materials, and other relevant circumstances into consideration.

〈和訳〉

価格
❶
顧客に販売する本商品の価格は，サプライヤーが，見積りを提出する都度，経済状況，為替相場，原材料価格，その他の関連事情を考慮し，その単独の裁量によって決定するものとする。

代理店

❷
Prices of the Products to be sold to customers shall be described in the price list attached as Exhibit E. In the event that Supplier changes any of the prices, it shall notify Agent in writing at least ［　］days prior to effectuating the new prices. **❸** In the event that Agent has provided an estimate to a

187

第2編　契約類型別　各論

customer before receiving such notice based on the previous price list, the prices described in the previous price list shall apply to the transaction.

〈和訳〉

❷
顧客に販売する本商品の価格は，別紙Ｅとして添付される価格リストに記載するとおりとする。サプライヤーが，かかる価格のいずれかを変更するときは，新しい価格を実施する【　】日以上前に，代理店に対して書面にて通知するものとする。❸代理店が，かかる通知の受領前に顧客に対して従前の価格リストに基づく見積書を提供していたときは，かかる取引については，従前の価格リストに記載の価格が適用されるものとする。

Point

〈支払〉　代金の回収方法とコミッションの支払方法は連動。

　顧客からの代金の支払は，代理店にて回収を代行する場合と，サプライヤーにて直接受領する場合があります。この違いはコミッションの支払方法の違いにも連動し，通常，前者の場合は，代理店は代金からコミッションを差し引いた上で残金をサプライヤーに送金することとなり，後者の場合は，サプライヤーは別途，代理店に対してコミッションを送金することとなります。

代理店にて代金を回収

Payment

Prices of the Products sold through Agent shall be paid to Agent by customers and Agent shall be responsible for collecting such payments from customers. Within [　] days after receipt of each payment, Agent shall transfer the balance to the bank account designated by Supplier after

188

第4　代理店契約

deducting the Commission and any other expenses agreed to between the Parties in writing.

〈和訳〉

支払

代理店を通じて販売された本商品の代金は，顧客から代理店に対して支払われるものとし，代理店は，かかる代金を顧客から回収する責任を負うものとする。かかる支払の受領後【　】日以内に，代理店は，コミッションとその他の両当事者間が書面で合意した費用を控除した残金を，サプライヤーが指定する銀行口座に送金するものとする。

サプライヤーにて代金を回収

Unless otherwise agreed by the Parties in writing, issuance of invoices and receipt of the payment for the Products shall be made directly between Supplier and the customer, and Agent shall cooperate with Supplier in such collection activities. Upon receipt of the payment for the Products from customers, Supplier shall pay the Commission to Agent by means of telegraphic transfer to the bank account designated by Agent no later than the last business day of the month following the month in which Supplier receives the payment.

〈和訳〉

両当事者間において別途書面をもって合意されない限り，本商品のインヴォイスの発行及び支払の受領は，サプライヤーと顧客との間で直接行うものとし，代理店はかかる回収活動に協力するものとする。サプライヤーは，顧客から本商品の代金を受領したときは，コミッションを，か

189

第2編　契約類型別　各論

かる代金を受領した月の翌月の最終営業日までに，代理店の指定する銀行口座に電信送金する方式により支払うものとする。

(7)　代理店の責務

Point

代理店の責務は具体的に列記することが望ましい。

販売店契約では，販売店が在庫リスクを負って得た転売差益がその利益になるのに対し，代理店契約では，代理店の活動の成果として商品が売れた場合に，その業務の対価としてコミッションを支払うものであるため，代理店が負うべき責務を明確にしておく必要性はより高いといえます。

以下の例文は，販売店契約でも利用できる部分が多いですが，二点は代理店契約に特有です。ひとつは，❶代理店が在庫を保管する場合，それはサプライヤーの資産を預かることになるため，その保管責任が生じる点です。もうひとつは，❷顧客からの代金回収について，代行して回収する義務を負う場合と，❸サプライヤーによる回収をサポートする義務にとどまる場合がある点です。

Agent shall undertake the following responsibilities in a professional and faithful manner at its own cost:

(1)To use its best efforts to promote the sales of and solicit orders for the Products throughout the Territory.

(2)To prepare the promotional, technical and marketing materials including translation of such materials as provided by Supplier into appropriate languages, provided that Agent shall obtain the prior written consent of Supplier for all such materials.

(3)To assist Supplier in the negotiation, execution, and performance of agreements with customers.

第4　代理店契約

⑷To assist and advise Supplier in investigating market trends, customers' needs, and other useful marketing information with respect to the Products and competitors' products.

⑸To recruit and maintain a sufficient number of professional staff to ensure prompt and efficient performance of its obligations hereunder.

⑹To assist Supplier with customs procedures and other import formalities for the Products.

❶
⑺To store the Products with the duty of a prudent manager, clearly separating the Products from other products and displaying that they are the property of Supplier.

❷
⑻To collect payments from customers in accordance with Individual
❸
Contracts / To support Supplier in collecting payments from customers.

⑼To promptly report to Supplier any substantial market, economic or political changes which may affect the business regarding the Products in the Territory.

⑽To conduct its operations and perform its obligations hereunder at all times in strict compliance with all applicable laws, rules, regulations and guidelines.

〈和訳〉

　代理店は，下記の責務を，自己の費用負担において適切かつ誠実に履行する。

⑴　テリトリーの全域において，本商品の販売促進及び受注活動に最大限の努力を行うこと。

⑵　サプライヤーから提供される素材の適切な言語への翻訳を含め，販売促進，技術，及びマーケティングのための素材を準備すること。た

191

第2編　契約類型別　各論

だし，代理店は，それら全ての素材につき，サプライヤーの事前の書面による承諾を得るものとする。

⑶　顧客との契約の交渉，締結及びその履行についてサプライヤーを援助すること。

⑷　本商品及び競合他社品の市場動向，顧客のニーズ，その他の有用なマーケティング情報の調査についてサプライヤーを援助し，助言すること。

⑸　本契約に基づく義務を効率的かつ迅速に実施するため，十分な数の専門的なスタッフを採用し維持すること。

⑹　本商品の通関手続その他の輸入手続に関してサプライヤーを援助すること。

⑺　❶<u>本商品を，他の商品と明確に区別し，サプライヤーの資産であることを表示して，善良なる管理者の注意義務をもって保管すること。</u>

⑻　❷<u>個別契約に従い，顧客からの支払を回収すること。</u>／❸<u>サプライヤーが顧客からの支払を回収するのをサポートすること。</u>

⑼　テリトリー内の本商品にかかる事業に影響を及ぼす市場，経済又は政治の状況に何らかの重要な変化が生じた時は，サプライヤーに速やかに報告すること。

⑽　その運営及び本契約の履行において，適用される全ての法令，規則及びガイドラインを常に厳に順守すること。

第5 生産委託契約

① 概　要

Point

生産委託は，商品の委託生産と売買の性質を併せ持つ。

　生産委託契約（Manufacturing Agreement）は，委託に基づいて商品を生産する側面と，生産された商品を売買する側面が一体化した契約です。委託者のブランドでの商品の生産を委託するいわゆるOEM（Original Equipment Manufacturing）契約も実質は同じです。生産だけでなく設計も委託する場合はODM（Original Design Manufacturing）契約と呼ばれます。

　まず，後者の売買の側面に関しては，売買・供給契約で述べたポイントがほぼそのまま妥当します。すなわち，受発注のプロセス，フォーキャストの位置付け，納品と貿易条件及びそれに伴う所有権と危険の移転，納期管理，検収プロセス，支払条件，品質保証などについては，売買・供給契約の章を併せてご参照ください。もっとも，それらの点も，委託者が生産段階にも関与することに起因する変容を受けることがあります。例えば，委託者の立場からすれば，受託者に個別の注文を安易に拒否されては困ります。また，対価の支払については，商品の開発段階から段階的に支払がなされることがあります。品質保証については，受託者としては，委託者の指示に基づく部分については免責されたいと望むでしょう。

　これに，前者の生産委託の側面に伴う要素が加わります。具体的には，委託者の立場からはいかに実効性のある生産管理を行うか，委託者は同じ商品の生産を他社に委託してもよいか，第三者への再委託を認めるか，商品に受託者の技術も反映されている場合において知的財産の帰属をどうするか，受

193

第2編　契約類型別　各論

託者による競合品の取扱いを認めるか，委託者からの支給品や貸与品がある場合にどのように扱うか，といったポイントです。

なお，日本企業としては，アジア等の生産業者に対する委託者となることが実際は多いと考えられますので，以下の解説では，委託者側の視点に重点を置きます。

Point

> 委託者は，情報管理に留意し，受託者に秘密保持義務を課すことはもちろん，機密情報は極力ブラックボックス化する。

その観点で付言すると，生産委託では，委託者は，生産業者に対して商品に関する企業秘密やノウハウを開示することから，生産業者がそれらを流用したり，場合によっては模倣品を作成したりするリスクが生じるため，その管理が極めて重要となります。そのため，契約レベルでは，量産化に入る前の秘密保持契約や，本契約中の秘密保持義務の条項の重要性が高まります。

しかし，どんなにそれらの義務を厳格に定めても，実際に流用が発生した場合にそれを阻止することは現実的に限界があります。そこで，実務レベルにおいて，機密情報のいわゆるブラックボックス化を試みることが求められます。ブラックボックス化とは，機密情報やノウハウのコアな部分を表に出さない実務上の工夫や措置をいいます。例えば，商品のコアとなる部品は自社で生産して供給する，生産工程をひとつの業者に集約せずに分割する（それにより当該業者単体では模倣品を生産しにくくなります），同じ従業員に重要なノウハウを全て提供しない（それにより当該従業員単体では模倣品を生産しにくくなります）といった措置が考えられます。

② 条項例

当事者の略称については，委託者をCompany，受託者をManufacturerとします。

194

第5　生産委託契約

(1) 目　的（生産の委託）

Point

> 海外では商慣習，品質，規格などが異なることを意識した実務運用を。

　まず，本契約の目的が生産委託であることを記載します。ここでは，対象となる商品を明確に特定します。また，実務レベルにも関連しますが，海外の生産現場における商習慣や品質に対する意識のレベルは日本のそれと大きく異なり，通用する規格が異なることもありますので，委託者としては，受託者に対し，仕様や生産プロセスを明確かつ具体的に伝えることが重要となります。

Purpose

In accordance with this Agreement, Company commissions Manufacturer to manufacture the products as set forth in Exhibit A（the "Products"）to be purchased by Company from Manufacturer based on Individual Agreements and Manufacturer accepts such commission.

〈和訳〉

目的

　本契約に従い，委託者は受託者に対し，受託者から個別契約に基づいて買い受けるため，別紙A記載の商品（「本商品」という）の生産を委託し，受託者はこれを受託する。

---

(2) 仕様と工程

Point

> 委託者の，受託者に対する仕様その他の指示の伝達は具体的に。

　委託者としては，受託者には，委託者の提供する仕様はもちろんのこと，生産工程を含めた指示に従ってもらう必要があります。契約書にその旨を明

195

第2編　契約類型別　各論

記することはもちろんですが，上述のとおり，実務レベルでもそれらの指示を具体的に伝えることが大切です。生産や機密情報の管理のため，生産場所を明示して限定することもあります。

また，仕様が変更された場合には価格や納期の調整が必要となる場合もあります。以下の文例では，そのような場合は相互に協議するというフェアな内容としてあります。

Specifications and Processes

1. Manufacturer shall manufacture the Products in accordance with the specifications, manufacturing processes, and other instructions provided by Company.

2. The manufacture of the Products shall take place at ［　］ unless otherwise agreed by the Parties in writing.

3. All costs for manufacturing shall be borne by Manufacturer unless otherwise stipulated herein.

4. If the costs or processes for manufacturing are substantially affected by any change of the specifications, the Parties shall discuss in good faith about reasonable adjustments of the prices and delivery schedules of the Products.

〈和訳〉

仕様と工程

1．受託者は，委託者から提供された仕様，工程，その他委託者の指示に従い，本商品の生産を行う。

2．両当事者が別途書面で合意する場合を除き，本商品の生産は【場所】において行うものとする。

3．本契約に別段の定めがある場合を除き，本商品の生産にかかる費用

第5　生産委託契約

は全て受託者が負担する。

４．仕様の変更により，本商品の生産のコストや工程に実質的な影響が
生じる場合は，両当事者は本商品の価格と納期の合理的な調整について
誠実に協議する。

(3)　独占権

Point

委託者は，受託者に対する独占権の付与は極めて慎重に。

受託者は，委託者に対し，同じ又は類似した商品の生産を他社には委託し
ないよう望むかもしれません。特に，受託者が，本商品の開発や量産化のた
めに投資をする場合は，少なくともその投資分を回収するまでは他社に乗り
換えられては困ると考えるのが自然です。

しかし，委託者としては，受託者にそのような独占権を与えると，契約を
解除しない限り，他社に委託することができず，事業が滞ってしまいます。
受託者に明らかな債務不履行があれば解除も可能ですが，例えば，品質が安
定しない，対応が鈍いといった理由では，契約の解除までは難しいです。ま
た，販売店・代理店の独占的契約では，最低購入数・販売数を設けて独占権
の維持と紐づけることができますが，生産委託では，販売数は受託者の努力
だけで向上するものではありませんので，独占権の維持のみを何かに条件付
ける設計が困難です。

そこで，委託者の立場からは，受託者には極力，独占権を与えないように
すべきです。その場合，何も書かなければ制限はないと解釈されることが通
常ですが，確認的に，他社にも生産を委託できる旨を明記することがベスト
です。

他方，受託者として，独占権を確保する場合は，単に本商品のみならず，
❶それに類似した商品も委託禁止の対象としておくべきです。本商品に限定し
てしまうと，少しの変化を加えることで回避されかねないためです。

197

第2編　契約類型別　各論

　折衷案のポイントとしては，❷制限される商品を限定する（例えば，類似する商品は除外する），独占権を与える期間を限定する，他社へ委託する場合の受託者の承諾を通知に変える，あるいはかかる承諾は不合理に留保されないと定めることが考えられます。

委託者

Company shall not be prevented from commissioning the manufacture of the Products to any third parties other than Manufacturer.

〈和訳〉

委託者は，本商品の生産を，受託者以外の第三者に委託することを妨げられない。

受託者

Company shall not commission the manufacture of the Products or ❶other products containing features similar thereto to any third party located in ［Territory］ other than Manufacturer without the prior written consent of Manufacturer.

〈和訳〉

委託者は，本商品又はこれに類似する特徴を含む商品の生産を，受託者の事前の書面による承諾なく，【テリトリー】内に所在する受託者以外の第三者に委託してはならない。

折衷

❷For a period of ［　］ year from the effective date hereof, Company shall not

198

第5　生産委託契約

commission the manufacture of the Products ❷ to any third party located in
[Territory] other than Manufacturer [without giving prior written notice to ❷
Manufacturer / without the prior written consent of Manufacturer, which ❷
consent shall not be unreasonably withheld].

〈和訳〉
委託者は，本契約の効力発生日から【　】年間，本商品の生産を，[受 ❷ ❷ ❷
託者への事前の書面による通知をすることなく／受託者の事前の書面に
よる承諾なく（ただし，かかる承諾は不合理に留保されてはならない)], ❷【テリ
トリー】内に所在する受託者以外の第三者に委託してはならない。

(4)　再委託

Point

　委託者は，再委託の可否と再委託先の管理を厳格に。

　委託者としては，品質や機密情報の管理の観点から，受託者が生産を自由
に再委託することは明示的に制限することが望まれます。また，再委託を認
める場合は，再委託先の情報を具体的に得た上で，そこに限定するべきです。
　受託者である場合は，再委託はできるだけ自由とし，また委託者が受託者
を飛び越えて再委託先と直接の連絡や契約をしないよう制限することが理想
ですので，その文例も紹介しておきます。

委託者

Manufacturer shall not subcontract any part of its performance under this
Agreement to any third party without the prior written consent of Company
to a specific subcontractor. In the event that Manufacturer uses a
subcontractor based on the consent above, it shall cause the subcontractor to
comply with this Agreement and shall be responsible to Company for all

199

第2編　契約類型別　各論

conduct of the subcontractor.

〈和訳〉

受託者は，特定の再委託先について委託者の事前の書面による承諾を得た場合を除き，本契約の履行のいかなる部分も第三者に再委託してはならない。受託者が，上記の承諾に基づき再委託先を利用する場合は，受託者は，再委託先に本契約を順守させるとともに，再委託先の全ての行為について委託者に対し責任を負うものとする。

受託者

Manufacturer may subcontract its performance under this Agreement to third parties at its discretion. Company may not communicate or conduct any business with the subcontractors, whether directly or indirectly, unless prior written consent is given by Manufacturer.

〈和訳〉

受託者は，その裁量をもって，本契約の履行を第三者に再委託することができる。委託者は，受託者の事前の書面による承諾なく，直接又は間接を問わず，再委託先と連絡を取り，またいかなる事業も行ってはならない。

(5)　支給品，貸与品

Point

支給品と貸与品の有無，対価の有無，管理責任，及び返還義務を定める。

委託者が受託者に対して材料や部品を支給する場合は，それが有償，無償のいずれであるかを明らかにします。外国の業者に対して無償支給するには，

200

第5　生産委託契約

よほどの信頼関係と監督体制が整っていなければなりません。以下の文例は，有償支給としつつ，本商品の代金と相殺することを前提としています。

また，委託者が受託者に対して設備等を貸し出すこともあります。以下の文例は，貸与の対価は生じない形としています。

そして，いずれの場合も，受託者は，支給品や貸与品を，善管注意義務をもって管理するとともに，本商品の生産以外の用途に使用してはならない旨を記載します。

さらに，契約終了後又は委託者が求めたときは，受託者は，支給品や貸与品を速やかに委託者に返還するよう定めます。以下の文例では，有償支給材については，供給額で買い戻すこととしています。

Supplied Parts and Leased Equipment

1. Company shall supply to Manufacturer the materials and parts to manufacture the Products as set forth in Exhibit B（the "Parts"）for compensation. Each Party may offset the prices of the Parts due against the prices of the Products due, or vice versa, for the corresponding amounts.

2. Company shall lease to Manufacturer the equipment to manufacture the Products as set forth in Exhibit C（the "Equipment"）free of charge.

3. Manufacturer shall store and manage the Parts supplied and the Equipment leased by Company with the due care of a good manager, shall not use them for any purpose other than the manufacture of the Products, and shall not transfer, pledge or otherwise dispose of them to any third party.

4. Promptly upon termination of this Agreement for any reason or request from Company, Manufacturer shall at its cost return the Equipment and any unused portion of the Parts to Company, which Parts shall be purchased back by Company at the prices supplied to Manufacturer.

〈和訳〉

201

第２編　契約類型別　各論

支給品及び貸与品

１．委託者は，受託者に対し，本商品の生産のための材料及び部品として別紙Ｂに記載されたもの（「部品等」という）を有償で供給する。各当事者は，支払期限の到来した部品等の対価と本商品の対価をそれぞれ対当額で相殺することができる。

２．委託者は，受託者に対し，本商品の生産のための設備として別紙Ｃに記載されたもの（「設備等」という）を無償で貸与する。

３．受託者は，委託者から支給又は貸与された部品等及び設備等を善良なる管理者の注意義務をもって保管・管理し，本商品の生産以外の目的のために使用してはならず，第三者に対し譲渡，担保提供，その他いかなる処分もしてはならない。

４．本契約が何らかの理由により終了したとき，又は委託者が求めたときは，受託者は，速やかに，受託者の費用をもって，委託者に対し設備等を返還するとともに，使用されていない部品等を委託者に引き渡し，委託者はこれを供給額で買い戻すものとする。

(6)　知的財産

Point

〈知的財産の帰属〉　委託者は，知的財産は原則として全て委託者に帰属させるべき。受託者は，自らに留保すべき知的財産があれば明示を。

　受託者は，委託者の指示に従い，対価の支払を受けて生産をするわけですので，委託者としては，商品に関する知的財産は全て自らに帰属することを明確にしたいです。さもないと，例えば，生産委託契約の終了後に，受託者が図面などを流用して類似品を生産するかもしれません。

　ただ，受託者としては，❶従前から保有していたノウハウなどを商品に反映した場合，その権利は自らに留保したいと考えるでしょう。その場合は，委託者としては，その後の販売活動に支障が生じないよう，受託者に留保され

202

第5　生産委託契約

た権利については利用許諾を得ておくことが安全です。

　なお，受託者が，開発段階から関与し，かつ自らも投資をしているような場合は，受託者も当該商品に関する知的財産に対し権利を主張することが予想されます。そのような場合は，単なる生産委託ではなく共同開発の性質を帯びますので，開発段階において別途，共同開発契約（Joint Development Agreement）を交わし，新たに生じる知的財産権の帰属や利用方法について合意をしておくべきです。

帰属

Intellectual Property

Patents, designs, trademarks, copyrights, knowhow, and all other intellectual property existing or arising in relation to the Products and the manufacturing methods thereof shall belong to Company exclusively.

〈和訳〉

知的財産

本商品及びその生産方法に関連して存在し，又は生じる特許，意匠，商標，著作権，ノウハウ，その他全ての知的財産は，委託者に排他的に帰属する。

受託者

…, provided, however, such intellectual property that Manufacturer has developed and owned prior to the execution of this Agreement shall remain the property of Manufacturer and Manufacturer shall grant Company the non-exclusive, global, royalty-free, perpetual, and irrevocable license to use such intellectual property to the extent necessary to sell, distribute, promote and market the Products.

203

第2編　契約類型別　各論

〈和訳〉

❶
…ただし，受託者が本契約の締結以前に開発し保有していた知的財産については，引き続き受託者の権利とし，受託者は，委託者に対し，かかる知的財産を，本商品の販売，流通，及び販売促進するために必要な範囲において使用する，非独占的な，世界中における，無償の，永久の，かつ撤回できない許諾を与えるものとする。

Point

〈商標〉　商品に商標等を付させるときは，その他の用途への使用を禁止。

OEM契約では，受託者をして，商品に委託者の商標やロゴを付させることがあります。その場合，委託者としては，受託者がそれらの商標等を他の用途に使用しないことを，念のため記載しておくことをお勧めします。

商標

Trademarks

Manufacturer shall put the trademark and the logo of Company on the Products at the place and in the form designated by Company. Manufacturer shall not use the trademark or the logo or any other marks or symbols similar thereto for any purpose other than as designated by Company in connection with the Products.

〈和訳〉

商標

受託者は，本商品につき，委託者が指定する場所及び形式にて，委託者の商標及びロゴを付す。受託者は，本商品に関して委託者が指定する以外の目的に，かかる商標，ロゴ，その他これに類似する標章又は記号を一切使用してはならない。

204

第 5　生産委託契約

(7)　競合品

Point

> 委託者は，ノウハウ等の流出防止のため，受託者による競合品の取扱いをできるだけ制限。受託者は，他の事業への支障が生じないよう注意。

　委託者としては，受託者に対してノウハウの提供や企業秘密を開示しますので，受託者が当該商品と競合する商品の設計や生産を行い，又は他者から受託するとなれば，その過程で委託者のノウハウ等が流出，流用される危険があります。そこで，できるだけ広い範囲と期間において，そのような競合品の設計及び生産を禁止することを目指します。このような場合，単に"compete with"（競合する）と書きますと，競合するか否かが定かでない商品が外れてしまうおそれがありますので，"may compete with"（競合する可能性がある）と書くことをお勧めします。また，受託者が自ら類似品や模倣品を生産することはもってのほかですので，併せて「実質的に同一又は類似の商品」の生産等を禁止することを規定します。

　これに対し，受託者としては，類似品を自ら企画生産することはしないとしても，第三者から競合品となりうる商品の設計や生産を依頼されることはありえ，それを制限されては事業に支障が生じてしまいます。特にアジアの生産業者などでは，多くの企業から類似した商品の生産を受託している実態もあります。そのような場合は，❶<u>競合品であっても，第三者から生産等を受託することは可能であることを明示する</u>ことになります。

　委託者として，その点を譲歩せざるを得ない場合は，❷<u>事前の通知義務を課すことや，委託者に帰属する知的財産は流用しない</u>ように追記することが考えられます。

　委託者

Competing Products

During the term of this Agreement and for ［　］ years after any termination thereof, Manufacturer shall not design, manufacture or develop any product

---

205

第2編　契約類型別　各論

substantially the same as or similar to or which may compete with the Products, whether directly or indirectly, unless Company gives written consent in advance.

〈和訳〉

競合品

本契約の有効期間及びその終了後【　】年間，受託者は，直接又は間接を問わず，委託者の事前の書面による承諾がない限り，本商品と実質的に同一又は類似する，あるいは競合する可能性のある商品を設計，生産又は開発してはならない。

受託者

During the term of this Agreement, Manufacturer shall not design or manufacture any product which is apparently the same as or similar to the Products, whether directly or indirectly, without the prior written consent of Company, provided that ❶this provision shall not prevent Manufacturer from accepting contracts from third parties to design or manufacture such products which may compete with the Products.

〈和訳〉

本契約の有効期間中，受託者は，直接又は間接を問わず，委託者の事前の書面による承諾がない限り，本商品と明らかに同一又は類似する商品を設計又は生産してはならない。ただし，❶本条は，受託者が，第三者から，本商品と競合しうる商品の設計又は生産を受託することを妨げるものではない。

206

第5　生産委託契約

折衷

…If Manufacturer intends to design or manufacture such competing
❷
products, it shall give written notice to Company to that effect in advance
and shall not use any intellectual property, including knowhow, which
belongs to Company for the other products.

〈和訳〉

…受託者が，そのような競合品の設計又は生産をしようとするときは，
❷
委託者に対してその旨を事前に書面で通知するとともに，かかる他の商
品のために，ノウハウを含む委託者に帰属するいかなる知的財産も使用
してはならない。

---

(8)　個別契約

Point

> 売買・供給契約におけるポイントが当てはまる。ただし，委託者は，
> 受託者に対し，特段の事情がない限り注文を受諾する義務を課す場合も。

　商品の量産化に入った後の受発注のプロセスと個別契約の成立，最小ロッ
トの設定，フォーキャストの提示などについては，基本的に売買・供給契約
にて述べたポイントがそのまま当てはまりますので，第2編第2・2(1)〜(3)
をご参照ください。

　一点，補充すべきポイントは，売買・供給契約においては，取引の継続性
が想定されつつも，各個別契約において各当事者に契約締結の自由が残され
ているのに対し，生産委託契約に伴う売買では，受託者は，委託者から材料
の提供，設備の貸与，機密情報の提供などを受けながら，またOEM契約で
あれば委託者のブランドを付して生産しているわけですので，委託者として
は，合理的な理由がない限り注文を受諾すべき旨を記載しておくことが望ま
しいです。

207

第2編　契約類型別　各論

Upon receipt of an order from Company, Manufacturer shall not refuse to accept such order unless there are objective and rational reasons to do so.

〈和訳〉

受託者は，委託者から注文を受けた場合，客観的に合理的な理由がない限り，その受注を拒否してはならない。

⑼　引渡し，貿易条件，検査，不合格品，所有権及び危険負担

Point

　売買・供給契約におけるポイントが当てはまる。ただし，委託者が主な部品等を支給する場合は，所有権を委託者に帰属させるべき場合あり。

　個別契約が成立した各商品の引渡し，貿易条件，検査，不合格品の処理，所有権及び危険負担の移転については，基本的に売買・供給契約の章にて述べたポイントがそのまま当てはまりますので，第2編第2・2⑷〜⑻をご参照ください。

　一点，生産委託において違いがあるとすれば，商品の所有権の帰属です。委託者がコアな材料や部品を支給し，それらの所有権を委託者に留保し続ける場合（主に無償支給である場合）は，本商品（生産中の仕掛品を含む）の所有権は，常に委託者に帰属すると定めるべき場合もあります。

Title to the Parts and the Products, including works-in-process, shall always belong to Company.

〈和訳〉

部品等及び本商品（生産中の仕掛品を含む）の所有権は，常に委託者に帰属する。

208

第 5　生産委託契約

⑽　支払，通貨

Point

> 売買・供給契約におけるポイントが当てはまる。なお，委託者は，費用の先払には注意。

個別契約が成立した各商品の対価の支払と通貨については，基本的に売買・供給契約にて述べたポイントがそのまま当てはまりますので，第2編第2・2⑽⑾をご参照ください。

なお，特に受託者において材料等を調達する場合，受託者としては，生産費用を賄うために代金を先払するよう求めることが想定されます。しかし，委託者の立場からは，それに安易に応じることはリスクとなりますので，多少は譲歩するとしてもできるだけ後払の割合を増やす，又は材料等は委託者において調達して支給するといった工夫が必要です。

また，案件によっては，量産化前の開発段階において，受託者が何らかの資金提供を求めるかもしれません。そのような場合は，開発委託や共同開発の性質となりますので，生産委託契約の前段階にて，開発委託契約等を締結し，提供する資金の性質や使用目的，開発が頓挫した場合の資金の精算，さらに開発に伴って生じる知的財産権の帰属などについて定めることとなります。

⑾　品質保証

Point

> 売買・供給契約におけるポイントが当てはまる。ただし，受託者は，委託者の支給品や指示が原因である場合の責任を回避。

品質保証や免責に関する基本的な考え方は，売買・供給契約にて述べたポイントが当てはまりますので，第2編第2・2⑿を併せてご参照ください。

以下の文例は，委託者の立場から包括的な保証を定めるものです。

他方，受託者としては，❶<u>委託者の指示や委託者が提供した部品等が原因となって欠陥が生じた場合について，保証責任を回避</u>したいです。

209

第2編　契約類型別　各論

委託者

Manufacturer warrants to Company that the Products shall conform to the specifications and other instructions provided by Company, shall be free from any defect or flaw in title, design, material, manufacturing, and workmanship, shall have the highest quality in light of professional standards, and shall be in compliance with all applicable laws and regulations.

〈和訳〉

受託者は委託者に対し，本商品が，仕様その他委託者が提供した指示に合致していること，権利，設計，素材，生産及び出来栄えにおいて何ら欠陥が存在しないこと，専門的な基準に照らし最高級の品質を有していること，及び全ての適用法に準拠していることを保証する。

受託者

…Notwithstanding the foregoing, the above warranty shall not apply if such defect, flaw, quality problem, or noncompliance is caused by any materials, parts, designs, or instructions provided by Company. ❶

〈和訳〉

…上記にかかわらず，かかる保証は，欠陥，品質問題，又は法令不適合が，委託者の提供した材料，部品，図面又は指示によって生じた場合は，適用されないものとする。❶

210

第5 生産委託契約

⑿ 品質管理

Point

　委託者として，品質管理のための資料提出や受託者の事業所への立入りを求める権利は必須。

　外国の業者に生産委託する委託者にとって，実務的に最も難しいのは商品の品質管理といえます。そのためには，上記のように品質に問題がある場合の事後的な保証責任を定めるだけではなく，品質問題を事前に防ぎ，また主体的に解消していくため，受託者に対して品質管理をするための体制を整える必要があります。具体的には，委託者は受託者に対し，関連書類の提出を求めること，また事業所への立入りを求めることができるように規定します。またこれらは，品質管理にとどまらず，契約の順守や受託者の財務状況の確認も目的とするべきです。その意味で，サプライヤーの販売店に対する監査権と類似しますので，販売店契約の章（第2編第3・3⑩）を併せてご参照ください。

　以下の文例では，委託者の立場から，品質管理を最も実効的に行うべく，受託者や再委託先への立入りは，業務時間内であればいつでも特段の通知なくできるようにしています。

　他方，受託者として，委託者による立入りを統制したい場合については，第2編第3・3⑩をご参照ください。

　　委託者

Quality Control

Upon Company's request, Manufacturer shall promptly submit to Company documents and data relevant to the manufacture, compliance, and other performance under this Agreement and the latest financial statements of Manufacturer. Also, Company shall have the right to enter into the premises of Manufacturer and its subcontractors, if any, to maintain the quality of the

211

第2編　契約類型別　各論

Products and audit compliance with this Agreement at any time during ordinary business hours.

〈和訳〉

品質管理

委託者の要求があるときは，受託者は，委託者に対し，速やかに，生産，法令順守，その他本契約の履行に関する書類とデータ，及び受託者の最新の財務諸表を提出するものとする。また，委託者は，通常の業務時間内であればいつでも，本商品の品質の維持と本契約の順守の監査のため，受託者及び再委託先（ある場合）の事業所に立ち入る権利を有するものとする。

第6 一般条項

1 概要

Point

　確認的又は便宜上の性質が強い条項もあるが，権利関係やリスク管理において重要なものも含み，軽視は禁物。まずは主語を見て，双務・片務の確認を。

　どの契約にも同じように用いられる種類の条項を，慣用的に一般条項（General Provisions）と呼びます。Miscellaneous（その他）というタイトルでまとめられている場合もあります。また，決まり文句という趣旨で，実務では"boilerplate"と呼ばれることもあります。これらの条項は，あまり重要ではないと思われて軽視されがちですが，実際はとても重要なものを含みます。軽視されがちな理由は，契約書の最後の方にこぢんまりとまとめられていることが多いこともありますが，定型であってどの契約でもほとんど同じ内容であるとの印象を抱かれやすいからと思われます。しかし，一般条項と呼ばれる所以は，あくまで項目として一般的に記載されているという意味であり，内容まで一般化されているという意味ではありません。実際，準拠法，紛争解決方法，責任限定といった特に重要な条項は，様々なバリエーションもあり，契約交渉の最後まで定まらないということもあります。また，文献などで一般条項として整理されている項目であっても，契約書によってはビジネスタームと並んで規定されることもよくあります。

　一般条項は，あえて大別すると，権利関係やリスク管理に直接影響するため，重要性が高く，頻繁に交渉されるものと，確認的又は便宜上の性質が強く，特段の法律関係を積極的に生じさせるわけではないため，相対的に重要

213

第2編　契約類型別　各論

性が低く，交渉されることが少ないものとに分けることができると考えます。もっとも，後者も状況によっては修正が必要となることもありますので，確認は怠れません。

前者は，国際契約において特有の準拠法（Governing Law / Choice of Law），紛争解決／裁判管轄（Settlement of Disputes / Jurisdiction），言語（Language）をはじめ，不可抗力（Force Majeure），譲渡禁止（No Assignment），相殺禁止（No Setoff），補償（Indemnity），責任限定（Limitation of Liability）などの条項があります。契約期間（Term of Agreement）と解除（Termination）の条項も，本書ではここに含めて整理します。秘密保持（Confidentiality），知的財産（Intellectual Property）も，一般条項として定められることがありますが，それらは秘密保持契約及び売買・供給契約の章での解説に譲ります。

後者は，当事者間の関係（Relationship of Parties），法令順守（Compliance），通知（Notice），権利放棄（No Waiver），分離（Severability），全部合意（Entire Agreement），目次（Headings），存続条項（Survival）などの条項があります。本書では，昨今の日本で求められることが多いいわゆる暴力団対策条項（Anti-social Forces）もここで紹介します。

いずれの条項についても，まず，文の主語を確認，検討しましょう。相手方から提示された契約書では，片務，つまり主語が一方当事者のみとされ，相手方に有利に記載されていることもあります。例えば，補償，責任限定，不可抗力の免責，解除などは相手方のみに権利があるとされ，譲渡禁止や相殺禁止は自社のみが義務を負うとされているかもしれません。そのような場合は，少なくとも双務，つまり主語を両当事者とし，公平な内容とするよう交渉しましょう。他方，自社がドラフトする場合は，はじめから対等な内容としてもよいですし，まずはできるだけ自社に有利にしておくことでもよいでしょう。

本章では，基本的に両当事者を主語とした対等な文例を紹介しています。片務とする場合は，主語と述語を各当事者に特定してください。

なお，当事者がいずれの立場であるかが重要となる場面では，便宜上，商

第6　一般条項

品やサービスを提供する側を売主，提供を受ける側を買主と表現します。

② 権利関係やリスク管理において特に重要なもの

(1)　不可抗力

Point

> 不可抗力条項は，特徴的給付をする側にとっては必須。支払側は過度
> の免責に注意。

　戦争，暴動，ストライキといった人的災害や，地震，洪水，台風といった自然災害などの，当事者がコントロールできない事象を，不可抗力（Force Majeure）といい，不可抗力によって契約上の義務が履行できない場合の免責，通知，解除などを定めるのが不可抗力条項です。不可抗力条項は，特殊な状況を想定しているとはいえ，我が国を含めた自然災害の現状などを見ていると，いざという時の重要性は無視できません。

　不可抗力の効果は，各国の法令やウィーン売買条約（79条等）によっても定められていますが，その内容は一様ではなく，またウィーン売買条約は適用されない場合もあるため，契約書に明記しておくべきです。

　特に，特徴的な給付をする側，すなわち売主やサプライヤーの立場からは，不可抗力による免責を受けられないと債務不履行責任を負う可能性がありますので，不可抗力条項は必須といえ，不可抗力事由の例示も不足がないよう記載することが望まれます。

　他方，❶金銭的な支払債務については，不可抗力によっても免責されないとされるのが一般的であり，我が国の民法（419条3項）でも同様ですので，給付を受ける側としての重要性は低くなります。給付を受ける側としては，むしろ，給付をする側に責任をもってほしい事項まで不可抗力事由とされていないかを注視する必要があります。それは，例えば，❷経済の悪化，需要の低下，原材料の不足，労働力の不足などであり，それらは不可抗力とはならない旨を記載することもあります。

215

第2編　契約類型別　各論

　不可抗力の効果としては，免責のほか，❸通知義務や，❹一定期間経過後の解除を定めることもあります。

Force Majeure

Neither Party shall be liable to the other for any delay or failure in the performance of its obligations under this Agreement if such delay or failure arises from any event beyond the reasonable control of the Party affected ("Force Majeure"), including, but not limited to act of God, fire, storm, typhoon, flood, earthquake, act of any governmental authority, compliance with laws and regulations, war (whether declared or not), piracy, rebellion, revolution, riot, strike, or lockout. Notwithstanding the foregoing, ❶no occurrence of a Force Majeure event shall relieve either Party from its payment obligations due hereunder.

〈和訳〉

不可抗力

いずれの当事者も，本契約上の義務の履行に遅滞又は不履行があった場合，当該遅滞又は不履行が，影響を受けた当事者の合理的な制御を超える事由（「不可抗力」という）によって引き起こされた場合，相手方に対し責任を負わないものとする。かかる事由は，天災地変，火災，嵐，台風，洪水，地震，政府機関の行為，法令の順守，戦争（宣戦布告の有無を問わない），海賊，反乱，革命，暴動，ストライキ，又はロックアウトを含み，これらに限られない。ただし，❶本契約に基づき期日が到来した金銭の支払債務は，不可抗力によっても免責されないものとする。

---

❷Neither economic downturn, decline in demand, raw material shortage nor labor shortage shall be regarded as a Force Majeure event.

216

第6　一般条項

〈和訳〉
❷
経済の悪化，需要の低下，原材料の不足，又は労働力の不足は，不可抗力事由とはみなされないものとする。

---

❸
Upon occurrence of any Force Majeure event, the Party affected by the
Force Majeure event shall notify the other Party without delay. If the Force
❹
Majeure condition continues for ［90］days or more, either Party may
terminate this Agreement upon written notice to the other Party.

〈和訳〉
❸
不可抗力事由が発生した場合，その影響を受ける当事者は，他方当事者に対し，遅滞なく通知するものとする。不可抗力の状態が【90】日以上
❹
継続する場合は，各当事者は，他方当事者に対し書面にて通知することにより，本契約を解除することができる。

---

(2) 譲渡禁止

Point
　　債権の譲渡制限については，債権回収の観点から慎重に。

　別段の合意がない限り，権利の譲渡は自由にでき，債務の承継は相手方の承諾が必要とされるというのが法のデフォルトルールであることが多いといえますが，権利の譲渡も含めて制限する譲渡禁止条項をよく見かけます。債務の承継を制限することは，いずれの当事者にとっても有益といえ，それを確認的に記載することは一般的に支障がないといえますが，権利の譲渡の制限については，特徴的給付をする側，すなわち売主，サプライヤー側としては，債権譲渡という債権回収手段が制限されることになりますので注意が必要です。

　以下の文例は，両当事者が等しく制限を受けるものとしていますが，例え

217

第2編　契約類型別　各論

ば買主のみが制限を受けるとする場合は主語を変えます。

No Assignment

Neither Party shall assign, sell, pledge, or otherwise transfer any of its rights or obligations under this Agreement or any Individual Contracts to any third party, including but not limited to its shareholder, officer, employee, or affiliated organization, without the prior written consent of the other Party.

〈和訳〉

譲渡禁止

当事者はいずれも，他方当事者の事前の書面による承諾なき限り，本契約又は個別契約における権利又は義務の一切を，いかなる第三者（株主，役員，従業員，及び関連団体を含み，これらに限られない）にも譲渡し，販売し，担保に供し，又はその他の方法により移転してはならない。

---

(3)　相殺禁止

Point

> 支払う側は相殺の余地を。支払の受け手は相殺禁止を。

相殺は，あえて禁止しない限り可能であるというのが一般的なルールといえますが，実務上は，相殺禁止条項が設けられることが多いです。

もっとも，支払をする側，つまり買主側としては，例えば，納期の遅延や商品の欠陥などがある場合に代金の支払を拒むひとつの手段（それにより被った損害賠償と相殺を主張）となりうるため，可能であれば相殺の余地を残したいです。他方，支払を受ける側，つまり売主側としては，買主による上記のような主張を防ぐため，相殺禁止条項を設けることが望まれます。

そのような救済手段としてではなく，例えば，当事者間の双方に売り買い

218

第6　一般条項

が生じる場合などに，便宜上，お互いが納得の上で相殺処理をする場合は，
一方的な意思表示による相殺ではなく，合意による相殺とする方が明快です。

No Set-off

Neither Party shall have the right to set off any payments owing to the other
Party under this Agreement or any Individual Contracts against any
payments owed by the other Party, unless otherwise agreed by the Parties in
writing.

〈和訳〉

相殺禁止

両当事者が書面により別途合意する場合を除き，いずれの当事者も，本
契約又は個別契約に基づき他方当事者に支払うべき金額を，他方当事者
が当該当事者に対し支払うべき何らかの金額と相殺する権利はないもの
とする。

---

(4)　補　償

Point

補償の内容は，買主側としてはできるだけ広く，売主側としてはでき
るだけ限定して定め，責任限定と併せて検討。

相手方の契約違反や表明保証違反によって損害や費用を被った場合に，そ
の補償を求める規定です。補償規定がない場合は，準拠法に基づいて補償の
可否や範囲が決まることになりますが，その内容は準拠法によって異なりう
るところであり，また基本的に合意があればそれが優先しますので，設けて
おくべきです。

補償条項は，自社が売主側か買主側かによってその意味合いが異なります。
そして，次に解説する責任限定の条項にも同じ観点が妥当し，それとセット

219

第2編　契約類型別　各論

で検討するべきものです。すなわち，買主側としては，売主側に不履行，例えば商品の納品や性能に問題が生じれば，当該商品を組み込む商品の生産の停滞，代替品の調達コスト，転売先からの損害賠償請求，当該取引における逸失利益，新規ビジネスの機会損失といった多くの損害を被る可能性がありますので，売主にはそれらをできるだけ広く補償してもらえるよう定めておくべきです。他方，売主側としては，買主側に義務の不履行があっても，それは主に金銭の支払ですので，代金以外の損害は利息程度にとどまる一方，自らが契約違反をすれば上記のように莫大な賠償を求められる可能性がありますので，補償すべき範囲はできるだけ限定することが望ましいといえます。

　補償の範囲を画するポイントとしては，補償対象となる当事者の範囲（相手方当事者に限るか，その関連会社，役員や従業員まで含むか等），損害等の範囲（「全て」と書くか，「合理的な」などと限定するか等），損害と違反との因果関係（「違反に関連して」と書くか，「違反に直接起因して」と書くか等），損害を現実に生じたものに限定するか，補償を受ける当事者に責任がある場合を除外するか，などを検討します。

　以下では，補償の範囲を広範に定める文例と限定する文例を紹介します。

　なお，相手方から提示される契約書のテンプレートでは，補償の主体が一方のみとされていることもあります。そのような場合は，お互いが同じ補償義務を負うフェアな形に修正するよう交渉するべきです。

| 広範 |

Indemnity

Each Party (the "Indemnifying Party") shall indemnify and hold harmless the other Party, their respective affiliate companies, and their respective directors, officers and employees (collectively, the "Indemnified Parties") against any and all claims, damages, losses, liabilities and expenses (including attorney's fees) which the Indemnified Parties incur in relation to any violation or breach of the Indemnifying Party's obligations or

第6　一般条項

representations hereunder.

〈和訳〉

補償

各当事者（「補償当事者」という）は，他方当事者，その関連会社，それらの役員及び従業員（総称して「被補償当事者」という）に対し，補償当事者が本契約における義務や表明に違反したことに関連して被補償当事者が被った全ての請求，損害，損失，責任及び費用（弁護士費用を含む）を補償する。

限定

Each Party (the "Indemnifying Party") shall indemnify and hold harmless the other Party (the "Indemnified Party") against reasonable claims, damages, losses, liabilities and expenses (including reasonable attorney's fees) which the Indemnified Party actually incurs directly as a result of any violation or breach of the Indemnifying Party's obligations or representations hereunder, provided, however, that the foregoing indemnity shall not apply to any claims, damages, losses, liabilities and expenses attributable to an Indemnified Party's gross negligence or willful misconduct.

〈和訳〉

補償

各当事者（「補償当事者」という）は，他方当事者（「被補償当事者」という）に対し，補償当事者が本契約における義務や表明に違反したことの直接の結果として被補償当事者が現実に被った合理的な請求，損害，損失，

221

第2編　契約類型別　各論

責任及び費用（合理的な弁護士費用を含む）を補償する。ただし，<u>上記の補償は，請求，損害，損失，責任及び費用が，被補償当事者の故意又は重過失に起因する場合は適用されない。</u>

(5)　責任限定

Point

責任限定の条項は，特別損害等に対する責任の排除と，責任の上限額の設定から成る。売主側は自らの責任をできるだけ限定し，買主側はそれを阻止する。

責任限定の条項は，賠償責任を負う場合の損害の範囲や上限を定めるもので，品質保証や補償の条項と併せて検討するべきものです。ビジネスタームの一部として整理されることもあり，特に商品やサービスを提供する売主の立場にとっては不可欠といえます。上記の補償条項にて解説したように，売主側は，自らに契約違反があった場合に請求されうる損害が膨大に膨れ上がる可能性があるからです。そのような場合に，売主として無限の責任を負わされないよう，賠償すべき損害から，特別損害，派生的損害，結果的損害を除外するとともに，賠償義務を負う場合の賠償額の上限（直近の一定期間の売上額とする場合が多いです）を定めることを目指します。

この種の条項は，上記のように，損害の範囲を画する部分と，賠償額の上限を定める部分とで構成されていることが多いのですが，これらは性質を異にしますので，区別して検討するようにしましょう。

前者の，特別損害等を免責する部分については，因果関係の遠い損害を除外する趣旨であり，一般的にも合理性が認められやすいため，売主としては妥協せず必ず設けるべきであり，買主としても強く削除を求めにくいところです。

他方，後者の損害額の上限は，専ら売主のリスクヘッジのためといえますので，入れるべき必然性はなく，双方にとって交渉の余地があります。買主としては，まずは削除を求め，売主が譲歩しないときは，<u>上限額の設定対象</u>❶

222

第6　一般条項

を事案毎とする，上限額を上げる，補償する当事者の故意又は重過失の場合❷を除くとすることなどが考えられます。

　この種の条項は，売主のみを主語として規定されていることも多いですが，以下では両当事者に適用される形としています。

　なお，以下の文例は，英米法を意識して大文字としています（第1編第2・4参照）。

特別損害等の除外

Limitation of Liability

IN NO EVENT SHALL EITHER PARTY BE LIABLE TO THE OTHER PARTY OR ANY OTHER PERSON OR ENTITY FOR SPECIAL, INCIDENTAL OR CONSEQUENTIAL DAMAGES（INCLUDING, BUT NOT LIMITED TO, LOSS OF PROFITS）ARISING OUT OF ANY BREACH OR MISCONDUCT UNDER THIS AGREEMENT, EVEN IF THE INDEMNIFYING PARTY HAS BEEN ADVISED OF THE POSSIBILITY OF SUCH DAMAGES OR LOSSES.

〈和訳〉

責任限定

各当事者はいかなる場合も，本契約における違反又は行為に起因する特別，付随的又は結果的損害（逸失利益を含み，これに限られない）について，かかる損害又は損失の可能性について知らされていたとしても，他方当事者及び第三者に対する責任を負わないものとする。

売主・損害額の上限

EACH PARTY'S AGGREGATE LIABILITY TO THE OTHER PARTY ARISING OUT OF THIS AGREEMENT, WHETHER BASED UPON

223

第2編　契約類型別　各論

WARRANTY, CONTRACT, TORT OR OTHERWISE, SHALL NOT
EXCEED THE TOTAL ACTUAL PURCHASE PRICE OF THE
PRODUCTS PAID BY BUYER TO SELLER FOR THE PRECEDING
YEAR.

〈和訳〉

本契約から生じる一方当事者の他方当事者に対する責任の合計は，保証，
契約，不法行為，その他原因を問わず，本商品に関して買主が売主に対
して支払った過去1年分の商品代金の合計額を超えないものとする。

買主・損害額の上限

EACH PARTY'S AGGREGATE LIABILITY ❶PER OCCURRENCE OF
EACH EVENT TO THE OTHER PARTY ARISING OUT OF THIS
AGREEMENT, WHETHER BASED UPON WARRANTY, CONTRACT,
TORT OR OTHERWISE, SHALL NOT EXCEED THE TOTAL ACTUAL
PURCHASE PRICE OF THE PRODUCTS PAID BY BUYER TO
SELLER FOR THE PRECEDING TWO YEARS, ❷UNLESS THE
DAMAGES ARE CAUSED DUE TO THE WILLFUL MISCONDUCT OR
GROSS NEGLIGENCE OF THE INDEMNIFYING PARTY.

〈和訳〉

本契約から生じる一方当事者の他方当事者に対する❶事案毎の責任の合計
は，保証，契約，不法行為，その他原因を問わず，本商品に関して買主
が売主に対して支払った過去2年分の商品代金の合計額を超えないもの
とする。ただし，❷損害が，補償当事者の故意又は重過失によって生じた
場合はこの限りでない。

224

第6　一般条項

⑹　契約期間と中途解約

Point

〈契約期間〉　効力発生日，満了日と自動更新の有無及び条件を明確に。

　契約期間は，有効期間の開始日と満了日を定めますが，ややもすると曖昧になりがちです。

　効力発生日は，期間を定める条項の中に具体的な日付を記載してもよいですし，契約書の頭書や末尾に記載する締結日を引用することでもよいです。この点，締結日（execution date）というのは，厳密には両当事者が署名等により契約書を作成した日を意味しますので，契約の効力発生日（effective date）とは必ずしも一致せず，あえて異なる日とすることももちろん可能です。なお，実務上，個別契約が基本契約の締結に先行してしまうことがありますが，そのような場合，両当事者が，基本契約の効果を過去の個別契約にも遡って適用する意思があるのであれば，効力発生日をバックデートすることも理論的に可能です。

　満了日は，効力発生日からの年数等で記載する方法がよく見られますが，何らかの理由で効力発生日が不明確となっている場合（例えば，日付欄が空欄のままになっている例もあります）は，満了日も不明確になってしまいます。また，年度末までなど，日数ではないタイミングで終了させたい場合は，年数での期間表記はそぐわないこととなります。そのような場合は，終了日を具体的に記載することをお勧めします。

　自動更新の有無と条件を明確に定めることも重要です。自動更新させる条件としては，期間満了前に通知がないことを定める形が一般的ですが，その通知期間は実務上の不都合が生じない長さとしておく必要があります。自社として，契約をできるだけ存続させることを望む場合は，自動更新とします。期間満了時において改めて継続を検討したい場合は，単に自動更新条項を書かないだけでなく，❶別途，書面による合意がない限り更新されない旨を明記することをお勧めします。相手方が，契約の更新を期待していたと主張してトラブルになることを避けるためです（継続的な契約の終了については，第2編第

225

第2編　契約類型別　各論

3・3⑴を参照ください）。

　なお，契約期間や満了日を定めないことも可能ですが，その場合は，特段の事情がない限り，当事者の一方が解約の意思表示をすれば解約できるとされるのが通常ですので，解約する場合の通知期間を定めましょう。

自動更新あり

Term of Agreement

This Agreement shall take effect as of the date first above written and shall continue to be effective for [　] years. Unless either Party notifies the other in writing of its intention to terminate or modify this Agreement at least [　] days before the expiration date, this Agreement shall be automatically extended under the same conditions for [　] years, and the foregoing shall apply to the extended terms.

〈和訳〉

契約の有効期間

本契約は，頭書の日付において効力を発し，【　】年間有効に存続する。本契約は，期間満了の【　】日以上前に，一方の当事者が他方当事者に対して本契約を終了又は変更する意思を書面で通知しない限り，同じ条件において自動的に【　】年間延長されるものとし，これは延長後の期間についても同様とする。

自動更新なし

The effective term of this Agreement shall be from [　] until [　]. ❶ This Agreement shall not be renewed or extended unless the Parties separately agree in writing to such renewal or extension.

226

第6　一般条項

〈和訳〉

本契約の有効期間は，【　】から【　】までとする。**本契約は，両当事**❶**者が，別途書面によって合意しない限り，更新されないものとする。**

Point

〈中途解約〉　理由なき中途解約の可否と条件を明確に。

　契約期間が定められている場合の理由なき中途解約については，何も記載されていなければ，相手方の合意がない限りできないものと解釈されることが通常といえます。従いまして，中途解約の余地を確保したければ，その旨を明記する必要があります。その場合，理想的には，自らのみを主語として中途解約できるようにしたいところですが，相手方からも対等の権利を希望されるかもしれません。中途解約を定める際は，事前の通知期間を設けることになりますが，それは，実務への影響と，期間満了前の通知期間や債務不履行解除の前提となる催告期間との整合性（これらの期間よりも短いと，期間満了や解除よりも簡単に中途解約できることとなります）を考慮して定めることになります。

　相手方の債務不履行などの理由に基づく解除は"termination for/with cause"，理由のない解約は"termination without cause"といいます。

　なお，現地の法律により，代理店等を保護する観点から，契約を解除する場合の通知期間の原則が定められている場合もあります。例えばベトナムでは，代理店契約を解除するためには，別段の合意がない限り，相手方への通知から少なくとも60日以上の待機期間を設けなければならないとされています（ベトナム商法177条1項）。

中途解約

Termination without Cause

During the effective term hereof, this Agreement may be terminated by either Party without cause by giving written notice to the other Party at least

---

227

第2編　契約類型別　各論

［　］days before the intended termination date.

〈和訳〉

理由なき解約

本契約は，その有効期間中であっても，当事者のいずれも，他方当事者に対して，意図する終了日の少なくとも【　】日以上前に書面により通知することにより，理由なくして解約することができる。

(7)　解　　除

Point

　　相手方に原因がある場合の解除の可否と条件は，契約に定めがなければ準拠法に委ねられ，不明確に。

　相手方に契約違反，倒産，信用不安などが生じた場合の解除条項は，割愛されている契約書も見かけますが，特に相手方の与信に不安がある場合などは必須です。こうした条項がない場合，相手方が例えば倒産をしても，すぐに契約を解除できるか否かは準拠法に委ねられるため不確実になります。

　契約違反の場合，一定の催告期間後に解除できるように定めることが多いですが，❶支払遅延を厳しく管理したい場合，秘密保持，競業禁止などの重要な義務の違反に対して厳しく対処したい場合などは，特に催告なしに解除できる旨を定めることを検討します。逆に，契約をできるだけ存続させたい立場としては，軽微な違反を理由として解除されうる内容となっていないか確認が必要です。

Termination（for Cause）

Either Party may terminate this Agreement by giving written notice to the other Party with immediate effect, if any of the following events should occur with respect to the other Party:

第6　一般条項

❶
(1) the other Party commits a material breach of its obligations hereunder. Violation of Articles [ ] (Payment), [ ] (Confidentiality), and [ ] (Non-competition) shall be regarded as material breaches for the purpose of this clause;

(2) the other Party violates any of the provisions hereunder other than the material breaches above and if such violation remains uncured for more than [thirty (30)] calendar days after receipt of a written notice specifying the violation;

(3) the other Party becomes insolvent, or bankruptcy, rehabilitation, winding-up, liquidation or any other similar proceeding is initiated against it;

(4) the other Party ceases or threatens to cease its business, or disposes of or threatens to dispose of all or a significant part of its business or assets;

(5) the other Party undergoes a merger, a substantial change in its control through its owners or shareholders, or a significant change in its line of business, without the prior written consent of the terminating Party; or

(6) the other Party makes oral statements or exhibits behavior which would damage the credibility or reputation of the terminating Party, or which would undermine the trust-based relationship nurtured between the Parties.

〈和訳〉
（理由のある）解除
いずれの当事者も，他方当事者に以下の事由のひとつが発生した場合は，直ちに効力を有する書面による通知を行うことにより，本契約を解除することができる。

229

第2編　契約類型別　各論

(1)　**❶**本契約における義務の重大な違反を犯した場合。本項の目的において，第【　】条（支払），第【　】条（秘密保持），及び第【　】条（競合禁止）の違反は，重大な違反とみなす；

(2)　上記の重大な違反を除く，本契約のいずれかの条項に違反をし，その違反を特定した書面による通知を受領した日から30暦日以内に当該違反が解消されない場合；

(3)　支払不能の状態に陥った場合，又は破産，民事再生，会社更生，解散，清算，その他のこれらに類する手続が開始された場合；

(4)　事業を停止し，もしくは停止するおそれがある場合，又は事業もしくは資産の全部又は重要な部分を処分し，もしくは処分するおそれがある場合；

(5)　解除当事者の事前の書面による承諾なく，合併又はその所有者もしくは株主に関する支配権の実質的変更，あるいは事業内容の重要な変化が生じた場合；又は

(6)　解除当事者の信用又は評判を損ない，又は解除当事者との信頼関係を失わせる言動をした場合

(8)　期限の利益

Point

支払を受ける側にとって，期限の利益喪失条項は必須。

　期限の利益喪失条項は，一般条項ではなく，支払に関する条項に関連して定められることもありますが，解除条項と絡めて規定されることも多いため，ここで紹介します（期限の利益を"benefit of time"といい，それを喪失することを"acceleration"といいます）。支払を受ける側としては，相手方に支払遅延や倒産といった与信不安が生じた場合，期限の利益を喪失させ，直ちに回収を図りたいところですが，準拠法において必ずしもそれが認められるものではない（日本の民法137条でも，債務者が破産手続開始の決定を受けたとき等に限定されてい

230

ます）ため，期限の利益喪失条項を設けておくことは必須といえます。その条件は，もちろん個別に定めることでも結構ですが，前項で解説した解除の条件を引用することが便宜である場合も多いです。逆に，支払う側としては，軽微な事象で期限の利益が喪失されることのないよう注意が必要です。

Benefit of Time / Acceleration

In the event that any of the events specified in Article ［ ］（termination）［(1) through (5)］occurs to one Party, all payment obligations of such Party to the other Party hereunder shall become immediately due and payable without further notice or demand.

〈和訳〉

期限の利益（の喪失）

当事者の一方に第【 】条（解除）【(1)〜(5)】のいずれかの事由が生じた場合，当該当事者の他方当事者に対する本契約に基づく全ての支払債務は，更なる通知又は請求なくして直ちに期限の利益を失うものとする。

---

(9) 言 語

Point
　複数の言語で作成するときは，優先関係を明確に。

　現地法によっても，契約に使用する言語は，原則として自由とされている場合がほとんどですが，実務上，国際契約は英語で作成されることが極めて多いといえます。もっとも，契約相手が自国の言語での併記を希望する場合や，当局への登録や提出が要求されるために現地語での作成も必要とされる場合には，複数の言語が併存することになります。なお，既述したように，インドネシアでは，インドネシア語の記載がないことによって契約が無効とされるリスクを踏まえ，英語と併記される例が多いです（第1編第2・3参照）。

231

第2編　契約類型別　各論

　そのような契約で，複数の言語の間に内容の違いや異なる解釈につながる記載がある場合に備え，どちらの言語が優先するかを明確にしておく必要があります。そうでないと，相手方に，自国の言語に基づく解釈を許すことになりかねず，また，例えばタイのように，タイ語を含む複数の言語で契約書が作成され，その間の解釈に疑義が生じ，いずれを優先すべきか不明である場合は，タイ語に依拠するとされる場合もあります（タイ民商法典14条）。

　日本企業は，理想的には，日本語か英語，その他自社に馴染みがある言語が優先すると定めるべきです。どうしても馴染みのない言語を正本とせざるを得ない場合は，当該言語で作成された最終版（最後に修正されても気付くことができませんので，最終版であるべきです）につき，ネイティブチェックを入れて離齬がないかを確認する必要があります。

　なお，作成される言語がひとつであっても，相手方が任意に翻訳版を作成しており，その翻訳版との離齬が生じる可能性もありますので，このような言語に関する条項は，国際契約では必須といえます。

Language

The official language of this Agreement shall be English, and any other version or translation thereof prepared in any other languages, if any, shall be solely for reference purposes with no binding effect. In the event of any difference or discrepancy between several languages, the English version shall always prevail.

〈和訳〉

言語

本契約の正式な言語は英語とし，他の言語によるバージョンや翻訳があったとしても，それらは法的拘束力を有しない参考にとどまるものとする。複数の言語の間に違いや不一致がある場合は，英語版が常に優先するものとする。

232

第6　一般条項

⑽　準拠法

Point

準拠法は，法的安定性と予測可能性を検討。ウィーン売買条約の適用
排除の要否を確認。

第1編第2・5にて解説したとおり，国際契約において準拠法は極めて重
要です。準拠法を明記せず，国際私法・抵触法（日本であれば法の適用に関する
通則法）に委ねることも可能ではありますが，予測可能性の観点から原則と
して明記するべきです。日本企業にとって理想はもちろん日本法であり，特
に自社が供給側である場合は強気に交渉するべきですが，力関係などによっ
て譲歩せざるを得ない場合もあります。その場合，相手国の法を受け入れる
か，第三国の法とするかを検討することになりますが，その際のポイントは
法的安定性と予測可能性です。相手国が先進国であれば，あえて第三国法と
しなくてもリスクは小さいといえますが，相手国が発展途上国や法制度が未
熟な国である場合は，アジアであれば香港やシンガポール，米州であれば
ニューヨーク州，欧州であれば英国などの第三国法の方がベターかもしれま
せん。

準拠法が，ウィーン売買条約に加盟している国（日本を含みます）の法とな
る場合は，同条約の適用を排除するか否かを検討し，排除する場合はその旨
を明示します（第1編第1・2⑷参照）。

準拠法と紛争解決手段は，よくセットになって交渉されますが，もし一方
を譲歩し，他方を獲得するとしたら，紛争解決手段を優先すべきと考えます。
馴染みのない準拠法となることの主なリスクは，予測可能性と調査コストに
とどまりますが，紛争解決手段は，執行可能性，応訴の負担，及び紛争自体
の抑止力といった紛争リスク対応の根本にかかわるからです。

なお，紛争解決条項で用いられるいわゆる被告地主義の考え方を適用し，
被告地の法を準拠法とする旨を記載してよいかと質問されることがあります
が，適切でありません。そのように定めると，実際に法的手続が進むまで準
拠法が確定しませんし，複数の国で法的手続が進めばそれぞれ異なる法律が

233

第2編　契約類型別　各論

適用されることになってしまいます。準拠法は常にひとつとされるべきです。

Governing Law / Choice of Law

This Agreement and any Individual Contracts shall be governed by and construed in accordance with the laws of Japan without reference to the conflicts of laws principles thereof. The Parties agree to exclude the application of the United Nations Convention on Contracts for the International Sale of Goods.

〈和訳〉

準拠法

本契約及び個別契約は，法の抵触のルールの適用を排除し，全て日本法に準拠し，同法に従って解釈されるものとする。両当事者は，国際連合物品販売統一法条約の適用を排除することに合意する。

⑾　紛争解決・裁判管轄・仲裁

Point

　執行可能性，相手方所在地の司法機関の信頼性，想定される紛争の可能性と内容，仲裁の特徴を総合的に考慮して選択・交渉。

　第1編第2・8にて解説したように，国際ビジネスにおいては，紛争が生じた場合の解決方法が多岐にわたり，また解決の難易度も国内に比べて格段に高くなります。国際契約の交渉に際しては，それらの選択肢の特徴と，想定される紛争のタイプや可能性を考慮の上，いざというときに最も効果的に解決できる可能性が高い選択肢を定めることが望まれます。

　終局的な解決をするための選択肢としては，司法機関（judicial court）による裁判と，仲裁合意に基づく仲裁（arbitration）があります。なお，調停（mediation）も活用されますが，調停自体は終局的な解決をもたらすものでは

234

ありません（終局的な解決をもたらすため，当事者の合意に基づき仲裁判断（arbitral award）に置き換えられることがあります）。

考慮すべき主なポイントは，以下に述べる，㈠執行可能性，㈡相手方所在地の司法機関の信頼性，㈢紛争化の可能性，及び訴える可能性と訴えられる可能性のいずれが高いか，そして㈣仲裁の特徴です。

日本企業にとって最も望ましいのは，日本を仲裁地として，馴染みのある仲裁機関の仲裁規則に基づく仲裁に限定するか，相手方の所在地とその主な資産のある国が日本の裁判所の判決を承認・執行してくれる場合は，日本の裁判所を専属的管轄裁判所とすることです。しかし，相手方も同じことを考えますので，ビジネスの具体的内容に照らして柔軟に落とし所を検討することになります。

なお，紛争解決条項は，あえて何も書かないという選択肢もあります。何も記載がなければ，仲裁合意はありませんので別途合意しない限り仲裁はできず，各国の準則に従って国際裁判管轄が認められる司法機関に提訴することとなります。自社がアウェーの裁判所での応訴を強いられることもありますが，自社も，相手方の所在地の裁判所だけでなく，日本の裁判所に提訴できる可能性も残りますので，あながち悪くありません。例えば，日本でその判決の執行力が認められるアウェーの裁判所を専属的管轄裁判所と合意するくらいであれば，サイレントとした方がベターといえます。

㈠　執行可能性

外国の裁判所が下した判決は，いわゆる相互主義に基づいて承認・執行されることが一般的であるため，過去に確実に執行された例がない国における執行は認められない可能性が高くなります（第1編第2・8⑵参照）。他方，仲裁判断は，ニューヨーク条約（第1編第2・8⑶参照）に加盟している国であれば，執行は原則として認められます。

したがって，まず，相手方が所在する国，又は相手方の主な資産が置かれている国が，日本の裁判所の判決の執行を否定している国（又は日本の裁判所がその判決の執行を否定した国，例えば中国），又はその執行を認めるか否

235

第2編　契約類型別　各論

かが定かでない国である場合，日本の裁判所を専属的管轄裁判所とした解決方法は除外されるべきとなります（時折，ホームグラウンドである東京地裁を管轄裁判所としておけば間違いないと考える方がいますが，誤りです）。逆に，日本の裁判所がその判決を執行した実績があり（例えば韓国，シンガポール），日本の裁判所の判決が執行される可能性が高い国であれば，日本の裁判所を専属的管轄裁判所とすることを積極的に検討しても構いません。

　日本の裁判所を専属的管轄裁判所とするべきではない場合で，あくまで司法機関による紛争解決を選択するのであれば，相手方の所在地の裁判所を専属的管轄裁判所とする，日本と相手方所在地の裁判所のいずれかを管轄裁判所とする，あるいは被告となる当事者の所在地の裁判所を管轄裁判所とする（つまり，お互いに訴えるときは常にアウェーとなる。いわゆる被告地主義）ことが考えられます。相手方の所在地の裁判所を専属的管轄裁判所としてしまうと，相手方による安易な提訴にもアウェーで応じなければなりませんので，基本的に避けるべきです。交渉において，相互主義により，先方の裁判所の判決も日本では執行できない可能性があると伝えれば，相手方の理解も得やすいといえます。日本と相手方所在地の裁判所を選択できるとする方法も，相手方が自国で安易に提訴した場合に応じなければならないという点は同様ですので，お互い様とはいえ，あまりお勧めしません。この点，被告地主義であれば，相手方による自国での提訴に応訴しなければならないリスクはなくなります。ただし，理論的には，複数の司法機関において同じ事件が係属し，コスト負担や判断の矛盾が生じる可能性があります。

(イ)　相手方所在地の司法機関の信頼性

　相手方所在地を管轄する司法機関に対して提訴すれば，裁判管轄や当該国での判決の執行力は必ず認められますが，公平な審理や判断を得られないようであれば，やはりそこでの紛争解決は行うべきではありません。日本では，裁判所に対する信頼度は高い（特に裁判官が腐敗しているという疑いをもたないという点において）といえますが，司法機関が未熟な国では，例え

第6　一般条項

ば裁判官に賄賂を渡すことが（もちろん違法ですが）暗黙の常識になっていることも多々あります。そのような国の裁判所では，どんなに理論的に強い立場にあっても，地元を利する結果になる可能性が高いといえます。この点，トランスペアレンシーインターナショナル（Transparency International）という国際的な非政府組織は，毎年，世界中の汚職を国家別にリスト化した「腐敗認識指数」を発表しており，参考になります（https://www.transparency.org/）。アジアや南米の新興国を含めた発展途上国は，腐敗の度合いが高い傾向にあります。ちなみに，2018年の指数では，シンガポールは3位，香港は14位，米国は22位，中国は39位，インドネシアは89位，フィリピンとタイは99位，ブラジルは105位，日本は18位でした。

　また，司法機関による審理のスピードも重要です。例えば，米国，英国，ドイツ，シンガポール，香港などは比較的迅速といえる一方で，インドやブラジルのように裁判所に係属する件数が慢性的に過剰で，結審までに10年かかってもおかしくないといわれる国もあります。欧州でも，例えばイタリアの裁判は比較的時間がかかるといわれます。

　このように，相手方所在地の司法機関の信頼性に疑問がある場合は，仲裁を選択することが賢明です。現に，司法機関が有効に機能していない国においては，国内の紛争解決にも仲裁が積極的に用いられる傾向があります。

(ｳ)　紛争化の可能性，及び訴える可能性と訴えられる可能性

　紛争解決条項にどこまでこだわるかは，紛争が生じる可能性がどの程度あるか，また紛争が生じる場合，自社が訴える側となる可能性と訴えられる側となる可能性のどちらが高いかを考慮します。紛争解決条項は，重要ではあるものの，紛争が生じる場合に備えるものですから，紛争の可能性が低い場合には，この条項にこだわって契約交渉を長引かせるより，この条項を譲歩する代わりに他の点で相手方の譲歩を得たり，ビジネスを早く開始する方が賢明という場合もありえます。なお，この観点は，準拠法の

237

第2編　契約類型別　各論

条項についても当てはまるといえ，契約の解釈や契約に記載されていない事項が問題になる可能性が低い場合は，準拠法の交渉はほどほどでよいかもしれません。

　紛争が生じる可能性と，想定される紛争の形態は，ビジネスの性質と条件によって大きく変わりますので，その具体的な内容に即して，実際に想定される紛争をイメージすることが大事です。例えば，商品の売買では，売主が買主に対して請求する類型として多いのは代金の支払が圧倒的であり，買主が売主に対して請求する類型として最も想定されるのは商品の納期遅延や品質に関する責任といえます。そして，自社が売主である場合，例えば代金の支払条件を前払とすることができれば，自社から相手方を訴える可能性はかなり小さくなり，あとは自社の商品が問題なく納品されれば，全体としての紛争リスクも小さくなります。自社が買主である場合は，商品の性質，つまり構造の緻密さ，単価や注文ロットの大きさ，代替品の調達の可否などにより，商品に納期遅延や欠陥が生じた場合のインパクトが変わります。また，仮にそのようなインパクトが大きい商品である場合も，代金の支払条件をできるだけ後払にすることができれば，相手方を提訴しなければならないほどの紛争に至るリスクを低減することができます。

　自社が相手方を訴える場面が想定されるのであれば，最終的に，相手方の所在地や相手方の資産のある国において，判決や仲裁判断を執行できることの確保が最も重要となり，その上で訴える手間やコストが低い手段を選択します。逆に，自社が訴えられる場面がありうる場合は，相手方にとって訴える手間とコストが高いほど，実際の紛争化を抑止することができます。なお，日本では判決の承認・執行が認められていない国の裁判所に提訴されたときは，その時点で紛争を解決することが望ましいなどの理由で応訴すべき場合もありますが，当該提訴には応訴せず（すると，相手方の訴えに応じた欠席判決がなされる可能性が高いですが），当該判決の日本での承認・執行の段階で争うという選択肢もあります。

238

第6 一般条項

(エ) 仲裁の特徴

第1編第2・8(3)にて解説したように，仲裁には，司法機関による解決と比して，ニューヨーク条約に基づく仲裁判断の執行力のほか，仲裁機関や仲裁人（専門家を含む）を選べること（当事者自治），国際送達の手間が不要であること，国家機関としてのバイアスがなく中立であること，汚職がないこと，非公開であること，合意により調停などのADRと連動させることができること，米国での陪審裁判やディスカバリを回避できること，比較的迅速であることなどの特徴があります。このような理由から，国際契約では仲裁が好まれ，また各当事者としてもアウェーの司法機関よりも受け入れやすいものとなっています。

Point

〈仲裁〉　仲裁機関のモデル条項を参照しつつ，仲裁地を明記し，使用言語や仲裁人の数などを検討。

仲裁は，当事者間の有効な仲裁合意の成立が前提となります。実務上，仲裁機関の規定する仲裁規則に従う旨を定めることが多いところ，各仲裁機関はモデルとなる仲裁条項を提供しており，それと重要な点で異なる場合は受け付けられないこともありえますので，ウェブサイトで適宜確認することをお勧めします。

仲裁条項は極めて多様ですが，最低限記載するべきは，従う仲裁の手続（実務上は，仲裁機関の規定する仲裁規則を引用することが多い）です。仲裁規則が定まっていれば，その他の手続は，かかる仲裁規則及び適用される仲裁法に従って決められていくことになりますが，合意があればそれが優先しますので，重要な点は合意しておくべきです。

最も重要なのは仲裁地です。なお，仲裁においては，仲裁地（place of arbitration又は seat of arbitration）と審理が行われる場所（venue of arbitration又は place of hearing）は，厳密には異なる可能性があります。仲裁地とは，狭義では，仲裁判断が下されたとみなされ（仲裁判断において記載される），当該仲裁事件について監督権を有する裁判所の所在地を意味し，これにより適用され

239

第2編　契約類型別　各論

る仲裁法が決まります。もっとも，これは必ずしも物理的な審理（例えば証人尋問）がその場所で行われることを意味せず，その点は解釈に基づくことになります。一般的には，仲裁地を特定すれば（例："Place of arbitration shall be Tokyo." "…arbitration held in Tokyo…"），当事者は，物理的な審理もその場所で行うと合意していると解釈するのが自然（ただし，実務上は，当事者が面会せずとも済む審理は，電話やビデオ会議によって進められることもあります）ですが，あえて物理的な審理の場所も明記することがあります（例："…and the hearing shall take place in Tokyo."）。

使用言語も記載することをお勧めします。やはり英語が一般的です。相手方が日系企業で，日本語への抵抗がない場合は，もちろん日本語で構いません。相手方の国の言語に精通しているとしても，その言語に限定することはお勧めしません。仲裁人の候補者や対応できる弁護士がその言語に通じた人物に限られてしまうためです。

また，仲裁人の人数を指定することもあります。例えば，コストを削減したい場合に1名と限定する場合，あるいは3名とした上でうち1名は自らが指名すると定める場合があります。契約時点ではどちらがよいのか判断できないという場合は，特に記載しなくても結構です。

その他，緊急仲裁人（Emergency Arbitrator）や簡易仲裁（Expedited Arbitration）の適用を排除するかなど，任意に記載しうる項目は多くあります。

なお，仲裁を排他的な紛争解決手段とする場合は，"All disputes shall be settled by arbitration…"（全ての紛争は……仲裁によって解決される）などと，排他的である旨を明確に記載する必要があります。ここで，例えば"shall"が"may"になり，"All disputes may be settled by arbitration…"（全ての紛争は……仲裁によって解決されることができる）となりますと，仲裁合意としては有効であるものの，司法機関への提訴も可能となります。

あるいは，仮処分のような暫定的な措置など，仲裁よりも相手方所在地の司法裁判所による救済を直接求めた方が効果的である可能性がある場合は，

❶仲裁を原則としつつも，相手方の所在地の司法裁判所に対する提訴は妨げな

いと記載することもあります。

仲裁・日本商事仲裁協会

Settlement of Dispute / Arbitration

Any disputes between the Parties which may arise out of or in relation to this Agreement or any Individual Contracts shall be settled by arbitration to be held in Tokyo, Japan, in the English language, in accordance with the Commercial Arbitration Rules of the Japan Commercial Arbitration Association. The award thus rendered shall be final and binding upon the Parties.

〈和訳〉

紛争解決／仲裁

本契約又は個別契約に関連して両当事者間に生じうる一切の紛争は，日本商事仲裁協会の商事仲裁規則に従い，日本国東京における英語による仲裁により解決されるものとする。かかる仲裁裁定は最終的とし，両当事者を拘束するものとする。

仲裁・国際商業会議所／ICC

All disputes arising out of or in connection with the Agreement shall be submitted to the International Court of Arbitration of the International Chamber of Commerce and shall be finally settled under the Rules of Arbitration of the International Chamber of Commerce by one or more arbitrators appointed in accordance with the said Rules. The place of the arbitration shall be Shanghai, China, and the language of the arbitration shall be English.

第2編　契約類型別　各論

〈和訳〉

本契約に関連して両当事者間に生じる一切の紛争は，国際商業会議所の仲裁裁判所に申し立てられ，国際商業会議所の仲裁規則に基づき，当該規則に従い指名される1名又はそれ以上の仲裁人によって，終局的に解決されるものとする。仲裁地は中国の上海とし，仲裁の言語は英語とする。

＊中国においてICC規則に基づく仲裁を行う場合は，国内法により，ICCの仲裁裁判所に付議する旨を明記することが推奨されます。

仲裁・相手方所在地の裁判所への提訴は可能

❶

…provided, however, the foregoing shall not prevent either Party from filing a claim against the other Party in the judicial courts in the jurisdiction where the other Party is located.

〈和訳〉

❶

…ただし，一方の当事者が，他方の当事者に対し，他方の当事者が所在する管轄地の司法裁判所に対して訴えを提起することを妨げるものではない。

Point

〈裁判〉　管轄裁判所と，それが専属的か付加的かを明確に。

司法裁判所を紛争解決方法とする場合，管轄権を有する裁判所を明記するとともに，その管轄権が専属的であるか付加的であるかを明確にします。例えば，東京地裁を専属的な管轄裁判所としたい場合に，単に"Any disputes …shall be subject to the jurisdiction of the Tokyo District Court"とだけ書いてありますと，全ての紛争が東京地裁の管轄に服することにはなりますが，他の裁判所の管轄権が排除されるか否かが必ずしも明らかではありませ

242

んので，"exclusive" という単語を用い，専属的であることに疑義を生じさ
せないようにします。逆に，相手方が自国の裁判所の管轄権に固執してきた
場合，日本の裁判所へと切り替えることは難しくても，相手方所在地の裁判❶
所を付加的な管轄にすることができれば，日本の裁判所へ提訴する選択肢も
残されることになります。

　上述した被告地主義，すなわち常に訴えられる当事者の所在地の裁判所を❷
管轄裁判所とする文例も紹介します。同じ事件が複数の裁判所に係属するリ
スクもありますが，相手方に対する執行力を確保でき，また相手方が当方を
訴える場合のハードルも上がりますので，折衷案としては悪くありません。

裁判・東京地方裁判所・専属的

Jurisdiction

Any disputes between the Parties which may arise out of or in relation to
this Agreement or any Individual Contracts shall be subject to the exclusive
jurisdiction of the Tokyo District Court in the first instance.

〈和訳〉

裁判管轄

本契約又は個別契約に関連して両当事者間に生じうる一切の紛争につい
ては，東京地方裁判所を第一審の専属的管轄裁判所とする。

裁判・付加的

Any disputes between the Parties which may arise out of or in relation to
this Agreement or any Individual Contracts <u>may</u> be brought to ［the District ❶
Courts in Seoul］.

第2編　契約類型別　各論

〈和訳〉

本契約又は個別契約に関連して両当事者間に生じうる一切の紛争につい
ては，【ソウルの地方裁判所】に提起することが**できる**。❶

---

❷　被告地主義

For any disputes between the Parties which may arise out of or in relation to
this Agreement or any Individual Contracts, [the Taipei District Court]
shall have exclusive jurisdiction in the first instance in the event that Seller
files a claim against Buyer, and the Tokyo District Court shall have
exclusive jurisdiction in the first instance in the event that Buyer files a
claim against Seller.

〈和訳〉

本契約又は個別契約に関連して両当事者間に生じうる一切の紛争につい
ては，売主が買主に対して訴えを提起する場合は【台北地方法院】を第
一審の専属的管轄裁判所とし，買主が売主に対して訴えを提起する場合
は東京地方裁判所を第一審の専属的管轄裁判所とする。

Point

〈段階的紛争解決〉　訴訟や仲裁のコストを極力低減したい場合は，段階
的な紛争解決も有益。

　国際的な紛争を仲裁や訴訟を通じて解決するには，多大なコストと労力を
要します。そこで，紛争が発生したときは，いきなり仲裁や訴訟を提起する
のではなく，まずは交渉や調停（mediation, conciliation）というより低コスト
の手段での解決を試み，それらが功を奏しない場合に仲裁か訴訟により終局
的に解決するという，段階的な（multi-tired）紛争解決手段を定めることも一
案です。もっとも，そのような条項は，相手方からの唐突な提訴を防止する

244

効果はありますが，当方も直ちに提訴することができなくなりますので，迅速に相手方の資産を押さえる必要が生じうる場合などは適さないかもしれません。なお，段階的な紛争解決手段を定める場合は，各段階から次の段階へ進むための条件（通常は，紛争の通知や調停への付託からの経過日数）を一義的に記載することが必要です。その点が曖昧である（典型的には，交渉や調停を試みるべき日数の記載がない）と，いつまでも次の段階へ進むことができず（相手方が，条件が未達成であると主張して次の段階への移行を拒否することができてしまいます），解決が徒に遅れることになりかねません。

また，仲裁のバリエーションとして，仲裁の開始後，当事者は調停での解決を試みるものとし，調停で和解に至った場合は，合意された条件を前提とした仲裁判断（consent award）とすることができるという手続もあります（Arb-Med-Arb）。調停は，仲裁人の選定や書面の提出などに伴うコストと時間がかかる仲裁よりも安価かつ短時間で和解に至る可能性があることから，まずはそれを試みることは両当事者にとって有益となりえます。調停における合意は，そのままではニューヨーク条約の適用を受けませんが，それを仲裁判断の形にすることで，執行力を確保することもできます。例えば，シンガポール国際調停センターとシンガポール国際仲裁センターは，Arb-Med-Arbプロトコルを交わし，Arb-Med-Arbの手続の円滑化を試みています。

段階的紛争解決・香港国際仲裁センター

Dispute Resolution

In the event of any disputes relating to this Agreement, the Parties shall first attempt to resolve the dispute through good-faith negotiation. If the dispute cannot be resolved by negotiation within [thirty (30)] days after written notice of such dispute from either Party to the other Party, the dispute shall be submitted to mediation pursuant to the Mediation Rules of the Hong Kong International Arbitration Centre ("HKIAC") held in Hong Kong, and failing settlement of the dispute within ［ninety (90)］ days thereafter, the dispute shall be referred to and finally resolved by arbitration administered by the HKIAC under the HKIAC Administered Arbitration Rules in force when the notice of Arbitration is submitted.

〈和訳〉

紛争解決

本契約に関して何らかの紛争が生じた場合，当事者は，最初に，誠実な交渉を通じて解決を試みるものとする。いずれかの当事者から他方の当事者に対して当該紛争についての書面による通知がなされてから【30】日以内に当該紛争が解決しないときは，当該紛争は香港国際仲裁センター（HKIAC）の調停規則に従い，香港での調停に付託されるものとし，それから【90】日以内に当該紛争が解決しないときは，HKIACが管理する仲裁に付託され，仲裁通知がなされた時点で有効なHKIAC管理仲裁規則に従い終局的に解決されるものとする。

Arb-Med-Arb・シンガポール国際調停／仲裁センター

Any disputes arising out of or in connection with this Agreement, including any question regarding its existence, validity or termination, shall be referred to and finally resolved by arbitration administered by the Singapore International Arbitration Centre （"SIAC"）in accordance with the Arbitration Rules of the Singapore International Arbitration Centre （"SIAC Rules"）currently in force, which rules are deemed to be incorporated by reference in this clause. The seat of the arbitration shall be Singapore, the tribunal shall consist of one arbitrator, and the language of the arbitration shall be English.

第6　一般条項

The Parties further agree that following the commencement of arbitration, the Parties will attempt in good faith to resolve the dispute through mediation at the Singapore International Mediation Centre（"SIMC"）, in accordance with the SIAC-SIMC Arb-Med-Arb Protocol currently in force. Any settlement reached in the course of the mediation shall be referred to the arbitral tribunal appointed by SIAC and may be made a consent award on agreed terms.

〈和訳〉

本契約に関連する全ての紛争（その存在，有効性又は終了に関する全ての問題を含む）は，シンガポール国際仲裁センター（SIAC）が管理する仲裁に付託され，その時点で有効なSIACの仲裁規則（SIAC規則。引用によって本条項の一部を構成するものとみなされる）に従い終局的に解決されるものとする。仲裁地はシンガポールとし，仲裁廷は１人の仲裁人によって構成され，仲裁の言語は英語とする。

また，両当事者は，仲裁の開始後，シンガポール国際調停センター（SIMC）における仲裁によって，その時点で有効なSIAC-SIMC Arb-Med-Arbプロトコルに従い，誠意をもって当該紛争の解決を試みることに合意する。調停の過程で至った合意は全て，SIACが指名する仲裁廷に付託されるものとし，合意された条件を前提とした仲裁判断とすることができる。

③ 確認的又は便宜上の性質が強いもの

⑴　当事者の関係

Point

　相手方と同一視されることによる責任追及を免れる。

247

第2編　契約類型別　各論

　各当事者は独立した契約主体であり，法的な意味での共同関係にないこと
を確認する条項です。主にこれが意味をもつのは，相手方が第三者から何ら
かの責任を追及される際，契約相手である当方も実質的に同一主体であると
みなされ，同様の責任を追及されることを回避する場面です。慣用化されて
いる節もありますが，入れておいて損はない条項です。

Relationship of Parties

The Parties are independent contractors, and nothing contained herein shall
constitute or be construed to create a legal agency, joint venture, or
partnership between the Parties.

〈和訳〉

当事者間の関係

両当事者は独立した契約主体であり，本契約は，両当事者につき，法的
代理，合弁，又はパートナーシップの関係を構成するものではなく，ま
たそのように解釈されないものとする。

---

(2)　法令順守

Point

　　特に順守を求める法令は例示し，順守を保証できない法令は除外。

　各当事者が，適用される法令やガイドラインを順守すべきという条項です。
ここでは，強調や留保のない包括的な条項を紹介しますが，相手方に特に順
守を意識してほしい法令等がある場合はそれを例示します。逆に自社として
順守を保証できない法令等がある場合（例えば外国の法令）はそれを除外する
べきです。以下の文例は主語を両当事者としていますが，相手方のみを主語
としてしまう選択肢もあります。

　より具体的な法令順守条項については，販売店契約の章をご参照ください

248

第6　一般条項

（第2編第3・3⑾）。

Compliance

Each Party shall be responsible to comply with all applicable laws, regulations and guidelines at its own cost and for its respective performance under this Agreement.

〈和訳〉

法令順守

各当事者は，本契約の履行にあたり，自らの負担において，適用される全ての法令とガイドラインを順守する責任を負うものとする。

⑶　反社会的勢力の排除

Point

> 日本特有の条項であるが，推奨。

　反社会的勢力の排除条項は，今日の日本において全国的に施行されているいわゆる暴力団対策条例を反映したものであり，国際ビジネス実務に根差したものではありませんが，日本企業としては，コンプライアンス上，国際契約においてもかかる条項を入れることを求められる場合がありますので，ここで条項例を紹介しておきます。特に，相手方が国内の外資系企業である場合などは，契約が英文であっても国内取引に準じますので記載が望まれます。ポイントは，反社会的勢力の定義を適切にすること，反社会的勢力に関与していないことを表明保証させること，及びそれに違反した場合は直ちに解除できるようにすることです。

Exclusion of Anti-social Forces

"Anti-social Force" means an organized crime group, a person who was a member of an organized crime group within the past 5 years, a company or

---

249

第２編　契約類型別　各論

group affiliated with an organized crime group, or any other person or
group engaged or involved in any organized crime. Each Party represents
and warrants to the other that it, its parent company, subsidiaries and
affiliates, and the directors, officers and employees thereof, are not and
will not be involved in any action or activity using or associated with any
Anti-social Force. Either Party may terminate this Agreement immediately
if the other Party breaches any of its representations and warranties set forth
in this Article without any notice or demand and without incurring any
liability.

〈和訳〉

反社会的勢力の排除

「反社会的勢力」とは，組織的犯罪集団，５年以内に組織的犯罪集団の
構成員であった者，組織的犯罪集団に関係する企業又は団体，その他，
何らかの組織的な犯罪を行い又はそれに関与する人物又は団体をいう。
各当事者は，他方当事者に対し，自身，その親会社，子会社，関連会社，
及びそれらの役員及び従業員が，現在及び将来にわたり，反社会的勢力
ではなく，反社会的勢力を利用し又は関連している行為又は活動に関与
していないことを表明し，保証する。各当事者は，他方当事者が本条の
表明及び保証に違反した場合は，何ら催告を要することなく，また何ら
責任を負うことなく，直ちに本契約を解除することができる。

(4)　通　知

Point

外国の郵便事情は日本より不安定で不確実。

契約においては，様々な場面で，通知や請求などを書面で行うべきこと，
またそれらの日付から所定の期間が起算されることが定められます。日本は，

250

第6　一般条項

世界的に見ても郵便事情が発達，安定していますが，外国のそれははるかに不安定，不確実です。そこで，想定される各通知手段において，送り先を明確にするとともに，いつ相手方に到達したものとみなされるかを定めることが慣例化しています。書面に電子メールが含まれるか否かも明らかにしておくべきです。また，正式な通知に用いられる言語も特定しておくべきです。

なお，実務的には，重要な通知は，追跡や受領確認を行うべきことはもちろんのこと，紛失等にも備え，複数の手段で行うこともご検討ください。

Notice

All notices, requests, demands and other communications to be made in writing under this Agreement shall be made in English and shall be deemed to have been duly given (a) upon receipt when delivered by hand, (b) three (3) days after shipment when sent by reputable overnight courier service, charges prepaid, (c) seven (7) days after mailing when sent by registered airmail, postage prepaid, or (d) on the next day following the transmission when sent by facsimile or e-mail unless a failure report is given, to the address, facsimile number or e-mail address of the other Party designated below or to such other address, facsimile number or e-mail address as the Party may hereafter notify in writing.

To Seller: Address

Fax number

E-mail address

To Buyer: Address

Fax number

E-mail address

〈和訳〉

251

第2編　契約類型別　各論

通知

本契約において書面によってなされるものとされている全ての通知，要求，請求，その他の通信は，英語により，下記又は当該当事者が以後，書面をもって通知する住所，ファックス番号，又は電子メールアドレス宛てになされるものとし，(a)手交による場合は受領時に，(b)定評ある翌日配達便（費用は前払）による場合は発送後3日目に，(c)書留航空郵便による場合（料金前払）は発送後7日目に，(d)ファックス又は電子メールによる場合は，不具合報告がなされない限り，発信の翌日に，それぞれ到達したものとみなされるものとする。

売主宛ての場合：住所

　　　　　　　　ファックス番号

　　　　　　　　電子メールアドレス

買主宛ての場合：住所

　　　　　　　　ファックス番号

　　　　　　　　電子メールアドレス

---

(5)　分　　離

Point

> 各条項の有効性は個別に判断されるべき。

契約の一部が，現地の強行法規に反するなどの理由で無効や違法とされたとしても，契約のその他の部分は依然として有効であるという条項です。"severable" とは分離が可能であるという意味で，契約の各条項の有効性は個別に判断されるという趣旨です。例えば，販売店契約において，競業禁止条項が現地の独占禁止法に違反するとされた場合に，販売店が，当該条項だけでなく，契約全体が無効であると主張することを阻止する材料となります。この条項がなくても，各条項の有効性は個別に判断される可能性もあり，その意味で確認的といえますが，契約をできるだけ存続させるためには念のた

第6　一般条項

め入れておくべき条項です。

Severability

In the event that any of the provisions of this Agreement is proven to be invalid or illegal, all other provisions shall not be affected by such invalidity or illegality and shall remain in full force and effect.

〈和訳〉

分離

本契約のいずれかの条項が無効又は違法と証明された場合であっても，他の条項はかかる無効又は違法の影響を一切受けず，完全な効力を有するものとして存続するものとする。

---

(6)　権利放棄

Point

　権利の不行使が後で不利に作用することを防ぐ。

　契約における権利を行使しなかったとしても，その権利を放棄したとはみなされず，後にその権利を引き続き行使することができるという条項です。例えば，商品の売買において，買主が代金の支払を遅延したものの，売主は特に契約違反の通知や損害賠償の請求をしなかったとします。その後，買主が改めて代金の支払を遅延したので，今度は売主が指摘すると，買主は，前回，支払を遅延しても特にお咎めがなかったので，その遅い納期について了承してもらった（権利を放棄した）と理解した，などと主張するかもしれません。この条項も確認的な要素が強いですが，そのようなトラブルを避けるため，念のために記載した方がよいものです。

　なお，権利を有する当事者が，書面で明示的に権利を放棄すれば，それは有効というべきであり，また放棄がなされるのであればそのように明確であるべきです。以下の文例では，この一文も追記していますが，実務上は，単

253

第2編　契約類型別　各論

にWaiverと題し，この点のみが記載されている場合もあります。

No Waiver

In the event of any failure or delay of either Party in the enforcement of any of the provisions under this Agreement, such failure or delay shall not be regarded as a waiver and such Party shall retain its right to enforce such provisions. Any waiver of rights given to either Party hereunder shall not be effective unless expressly made by the Party in writing.

〈和訳〉

権利放棄の否定

いずれかの当事者が本契約における何らかの条項の行使をせず，又は遅滞したとしても，それは権利の放棄とはみなされず，かかる条項を行使する権利を引き続き保有するものとする。本契約において当事者に与えられた権利の放棄は，当該当事者によって，書面をもって明示的になされない限り有効とはならない。

⑺　完全合意

Point

　契約締結以前の矛盾するやりとりを遮断。ただし，自らも主張できなくなることに注意。

　契約交渉の過程では，電子メールや議事録といった可視的なものから口頭での折衝まで，様々なやりとりがなされます。そして，最終的に合意に至った内容を契約書に落とし込みますが，後になって，契約書に記載されていないその他のやりとりについて合意が成立していたなどとして，契約書と矛盾する主張がなされることがありえます。そのような主張を遮断するために，本契約には当事者間の合意の全てが記載されており，その内容は，契約締結までになされた全てのやりとりに優先する旨を記載することがあり，これを

254

第6　一般条項

Entire Agreement（完全合意）条項といいます。

　完全合意条項は，コモンローにおけるParole Evidence Rule（口頭証拠排除原則），すなわち，当事者が最終的に契約書を作成した場合，当該契約書の内容と矛盾し，又はその内容を変更するような他の証拠（例えば口頭による別の合意）を裁判所は考慮しないという原則を源流としていますが，国際契約実務では，より一般化されて慣例となっています。なお，この条項は，最近は日本国内の契約書でもよく見かけるようになり，その有効性を認めた裁判例もあります（東京地裁平成7年12月13日判決）。

　完全合意条項があると，相手方が，契約内容と異なる契約締結前のやりとりを持ち出すことを防ぐことができますが，逆に自らもそれらのやりとりを主張することができなくなります。したがって，完全合意条項を入れる場合は，それまでに合意された事項を漏れなく契約書に記載することが肝要です。状況により，契約書に反映していない事項を後から主張したい思惑がある場合は，完全合意条項自体を入れない方がよいということもあります。また，❶同じ主題について当該契約書以前に締結された合意（例えば秘密保持契約）を取り込んで有効に存続させる場合は，その旨を明記しておくべきです。

　なお，完全合意条項は，あくまで当該契約成立より前になされたやりとりの法的効果を否定するものであり，それ以後になされるやりとりや契約の変更は別の問題となります。この点は次に解説します。

Entire Agreement

This Agreement represents the entire agreement between the Parties and supersedes any prior understandings or statements between the Parties regarding the subject matter hereof, whether written or oral, provided, however, that ❶[the Confidentiality Agreement between the Parties as of [Date]] shall remain effective and is incorporated as an integral part of this Agreement.

255

第2編　契約類型別　各論

〈和訳〉

完全合意

本契約は，両当事者間の全ての合意を構成し，本契約の主題に関する両
当事者間の従前の全ての書面又は口頭による理解や供述に優先する。た
だし，❶【両当事者間の〔日にち〕付け秘密保持契約】は，有効に存続す
るものとし，本契約の重要な一部を構成するものとする。

(8)　変　更

Point

　　事後の変更や修正は明示的に。

　完全合意条項を定め，契約締結以前のやりとりを集約しても，その後に契
約内容が安易に又は曖昧な形で変更されては困ります。そこで，契約の変更
や修正は，両当事者が書面をもって明示的に行わなければならないと定めま
す。

　実際に変更を行う場合の変更合意書の文例は，第1編第3・2(2)をご参照
ください。

Amendment

This Agreement may not be amended or modified except by a written
instrument expressly referring to this Agreement and bearing the valid
signatures of both Parties.

〈和訳〉

変更

本契約は，本契約を明示的に参照し，両当事者の有効な署名がなされた
書面によってなされない限り，変更又は修正されないものとする。

256

第6　一般条項

(9)　見出し

Point

　見出し条項は確認的であり，通常はリスクなし。

　契約書の条項には見出しを付することがありますが，それらが統一されていなかったり，内容と矛盾することがあったとしても，見出しはあくまで便宜上のものであり，契約の解釈には影響しない旨を定めるものです。確認的なものといえ，必須とはいえませんが，見出しの付け方に不安があるときなどは念のために記載します。また，この条項があることによる積極的なリスクは通常ありません。

Headings

Headings in this Agreement are solely for convenience and shall not affect any interpretation hereof.

〈和訳〉

見出し

本契約の見出しは専ら便宜上のものであり，本契約の解釈に何ら影響を与えないものとする。

---

(10)　存続条項

Point

　契約終了後も存続すべき条項を明確に。

　契約には，それが何らかの理由で終了した後も，引き続き効力を存続させるべき条項があります。それは，各条項の性質を考えれば自明である場合も多いですが，無用な異論を生じさせないため，確認的に記載しておくことが望ましいです。一般条項ではなく，当該条項において "This Article shall survive any termination hereof."（本条項は，本契約が終了した場合も存続する）

257

第2編　契約類型別　各論

等と記載される場合もあります。

　実務的には，単に条項の番号だけでなく，見出しも付記することをお勧め
します。条項の番号は，契約交渉の過程で変わっていくことがあり，存続条
項との不一致が生じるのを避けるためです。

　なお，"survive"という語は，その後も有効に存続するという意味となり
ます。

Survival

After the termination of this Agreement for any reason, Articles ［　］
(Warranty), ［　］(Limitation of Liability), ［　］(Indemnity), ［　］
(Confidentiality), ［　］(Non-competition), ［　］(Governing Law), ［　］
(Dispute Resolution)and this Article shall remain effective in accordance
with their respective contents.

〈和訳〉

存続条項

理由の如何を問わず本契約が終了した場合でも，【　】条（保証），【　】
条（責任制限），【　】条（補償），【　】条（秘密保持），【　】条（競業禁止），
【　】条（準拠法），【　】条（紛争解決），及び本条は，各内容に従い有効
に存続するものとする。

258

〈著者紹介〉

樋　口　一　磨（ひぐち　かずま）

慶應義塾大学法学部法律学科卒業。一橋大学大学院言語社会研究科修了。米国ミシガン大学ロースクールLL.M.修了。2003年弁護士登録（東京弁護士会）。2008年米国ニューヨーク州弁護士登録。2011年現・弁護士法人樋口国際法律事務所設立，代表就任（現職）。2019年株式会社朝日ネット監査役就任。国際若手法曹協会（AIJA）の日本代表を務めるなど国際法曹団体にて積極的に活動。国際ビジネスを含めた企業法務を中心に幅広いクライアント層を親身にサポート。著書に『中小企業海外展開支援　法務アドバイス』（共著・経済法令研究会），『中小企業法務のすべて』（共著・商事法務），『International Commercial Agency and Distribution Agreements』（共著・Wolters Kluwer）など。メディアへのコメント提供・出演多数。

ポイントがわかる！
国際ビジネス契約の基本・文例・交渉

2019年9月30日　初版発行

著　者　樋　口　一　磨

発行者　和　田　　裕

発行所　**日本加除出版株式会社**
本　　社　郵便番号 171-8516
　　　　　東京都豊島区南長崎3丁目16番6号
　　　　　ＴＥＬ　（03）3953-5757（代表）
　　　　　　　　　（03）3952-5759（編集）
　　　　　ＦＡＸ　（03）3953-5772
　　　　　ＵＲＬ　www.kajo.co.jp
営　業　部　郵便番号 171-8516
　　　　　東京都豊島区南長崎3丁目16番6号
　　　　　ＴＥＬ　（03）3953-5642
　　　　　ＦＡＸ　（03）3953-2061

組版　㈱郁文　／　印刷　㈱精興社　／　製本　牧製本印刷㈱

落丁本・乱丁本は本社でお取替えいたします。
★定価はカバー等に表示してあります。
Ⓒ Kazuma Higuchi 2019
Printed in Japan
ISBN978-4-8178-4585-6

> JCOPY　〈出版者著作権管理機構　委託出版物〉
> 本書を無断で複写複製（電子化を含む）することは，著作権法上の例外を除
> き，禁じられています。複写される場合は，そのつど事前に出版者著作権管理
> 機構（JCOPY）の許諾を得てください。
> また本書を代行業者等の第三者に依頼してスキャンやデジタル化することは，
> たとえ個人や家庭内での利用であっても一切認められておりません。
>
> 〈JCOPY〉　ＨＰ：https://www.jcopy.or.jp，e-mail：info@jcopy.or.jp
> 　　　　　　電話：03-5244-5088，ＦＡＸ：03-5244-5089

渉外相続・不動産登記・会社取引等で役に立つ
英文の法律・法的文書作成に関する実践と書式

宣誓供述書・証明書・通知書・届出書・許可書・誓約書・保証書・捺印証書・売渡証書・売買契約書・贈与書・委任状・遺言書・遺産分割協議書・株主総会議事録・信託証書等における英文・日本文の作成・翻訳

石田佳治・山北英仁 著
2018年12月刊 A5判 408頁 本体3,900円+税 978-4-8178-4533-7

| 商品番号：40750 |
| 略　号：英法 |

- 英文・訳文の作成方法を実際の書式を基に解説するとともに、具体的に活用できる例文、書式や見本（70例）を掲載。
- 英文法律・法的文書の特徴、作成の仕方を理解でき、業務のステップアップにつながる一冊。

現代国際ビジネス法

浜辺陽一郎 著
2018年2月刊 A5判 292頁 本体2,700円+税 978-4-8178-4456-9

| 商品番号：40707 |
| 略　号：国ビ |

- 基礎から実務まで、この一冊で現代国際ビジネス法がわかる。
- 入門から最新テーマまで網羅的に整理。
- わかりやすい図表やケーススタディによる判例紹介を多数収録。

第2版 実務英文契約書文例集
サンプル書式ダウンロード特典付

黒河内明子／ムーン・キ・チャイ 著
2017年6月刊 A5判 484頁 本体4,400円+税 978-4-8178-4402-6

| 商品番号：40457 |
| 略　号：英文契約 |

- 様々な契約に共通する一般条項と厳選した契約書21文例の英文を収録し、全条項の和訳と充実した解説を付与。改正民法（平成29年5月26日成立）に関しても、法改正の内容にとどまらず、実務対応まで踏み込んで解説。
- 本書掲載の契約書21文例をダウンロードできる購入者特典付。

契約書が楽に読めるようになる
英文契約書の基本表現
Encyclopedia of Key Words and Expressions in English Contracts

牧野和夫 著
2014年12月刊 A5判 244頁 本体2,400円+税 978-4-8178-4201-5

| 商品番号：40573 |
| 略　号：英基 |

- 英文契約書を理解するために必要な表現や用語を精選。
- 基本表現を対訳・語注つきのシンプルな例文を使って解説。「契約書の英語」を体得できる。
- 一般条項も同時にマスターできる構成。

〒171-8516　東京都豊島区南長崎3丁目16番6号
TEL (03) 3953-5642　FAX (03) 3953-2061　（営業部）
www.kajo.co.jp

日本加除出版